Andreas Würfel

Geschichte des ehemaligen Nonnenklosters zu Pillenreuth

Maria Schiedung genannt, in dem Nürnbergischen Gebiete

Andreas Würfel

Geschichte des ehemaligen Nonnenklosters zu Pillenreuth
Maria Schiedung genannt, in dem Nürnbergischen Gebiete

ISBN/EAN: 9783743676107

Hergestellt in Europa, USA, Kanada, Australien, Japan

Cover: Foto ©ninafisch / pixelio.de

Weitere Bücher finden Sie auf **www.hansebooks.com**

Geschichte
des ehemaligen Nonnen Klosters
zu
Pillenreuth
Maria Schiedung
genannt,

in dem Nürnbergischen Gebiete,

aus des Klosters Urkunden zusammen
getragen, und mit dienlichen Anmerkungen
erläutert,

von

Andreas Würfel,

Pfarrer in Offenhauffen,

der Churbayrischen Academie der Wiffen-
schaften, herzoglich Helmstädtischen und Altdorfischen
deutschen Gesellschaft Mitglied.

Innhalt.

§. 21.

Bes

Beschreibung des Nonnen-Klosters zu Pillenreuth in dem Nürnbergischen Gebiete, Maria Schiedung genannt, St. Augustini Ordens.

---

§. I.
Bruschii Erzählung, von dem Ursprung des Klosters Pillenreuth.

Ist doch in den vorigen Zeiten, bey nahe kein Kloster gebauet worden, von dessen Ursprung man nicht vielerley Wunder erdichtet? Von der Stiftung des Klosters Pillenreuth in dem Nürnbergischen Gebiete, hat Caspar Bruschius in der Centuria Monasteriorum Germaniae, Ingolst. a. 1551. typis expressa, folgende Erzählung mitgetheilet: Pildenreutum Germanice Pillenreuth Canonissarum Regularium S. Augustini Coenobium perelegans, in nemore Norimbergensi, ad amplissimos lacus, non procul ab eiusdem potentissimæ urbis latomiis situm, dioeceseos Aystettensis, sub tutela S. P. Q. Norimbergensis, coepit an. Christi circiter 1340. a quinque piis sororibus ac Imperatorii Gynaecei uirginibus, *Elisabetha*

betha

betha Vispeckina, *Adelbeide Zolnerina*, *Chriſtina Venatrice*, *Khunegunde ab Ottenſee* ac *Oſanna Oſterreicherina*, ex Deckendorf bauarico oppido nata, quae collectis aliis etiam octo ſororculis, Imperatorem Ludouicum Bauarum, *Norimbergae tunc temporis Comitia habentem* precibus perſuaſerant, ut ſibi, in hoc nemore Coenobiolum conſtrueretur, in quo Dei laudes, in bellis ab Imperatore geſtis omiſſae, adimplerentur, et ita, quod prius in cultu Dei neglectum fuiſſet, ibi reſarciretur. Imperator monitis puellarum ardore quodam diuini cultus flagrantium obtemperans, in die ſancti Lucae Euangeliſtae, anni Chriſtianorum 1341, e Noriberga in uicinum nemus prodiit, ut coenobii futuri locum exploraret, quod cum in uicino pago Chürnburgenſi (hodie Kornburgenſem uocant,) auſpicari uellet, cantu quodam mirae dulcedinis, inde ad nemus uocatus dicitur, ubi cum magnae et altae cuidam quercui, *Crucis*, quaſi coelitus oſtenſae, *imaginem imminere uidiſſet*, equo mox lapſus, primus ſecuri arborem eam notauit, et ſe praeſente excindi illam curauit, eumque locum ad conſtruendum monaſterium deſtinauit. Vnde nomen etiam inditum eſt, ut ab imagine crucis, quae apparuerit in illa nemoris parte, quae ad conſtruendum domum pietatis ac diſciplinae excindenda erat, *Pildenreutum diceretur*. Prodierat una cum Imperatore praepotens quidam patricius Norimbergenſis, Conradus Magnus, tunc temporis Scultetus, ut uocant, Noricus: Is praedium, quod in ea ipſa uicinia habebat, optimum, praeſente Caeſare, futurae monialium Congregationi, cum omnibus adiacentibus

tibus agris dono dedit, omnibus temporibus possidendum. Imperator Coenobiolo egregium dedit diploma anno Christi 1345 ducalis regni sui 31. Imperii vero decimo octauo. Dedisset etiam (ut promiserat) certos reditus annuos et alia, nisi morte praeuentus fuisset. *Quarto enim anno post primum huius loci initium, bonus Imperator ueneno sublatus, extremum diem clausit.* Sorores patrono suo praecipuo amisso et quotidiana hominum collatione et eleemosynis, tantum tamen contraxerant, ut ex primo ligneo templo saxeum facerent, decimo sexto anno, post primam conuentionem. Tandem anno Christi 1378. subdidere sese concordibus animis Rabano, Episcopo Aystetensi, petentes ab eo certum ordinem, qui misso ad eas Canonico quodam, de Sancti Wilibaldi choro, Domino Burcardo de Pleinfeld, consecrari ipsas, et sub obedientiam accipi, canonissasque S. Augustini Regulares designari fecit: et praepositam Gubernatricem ceterarum elegit, Ao. 1379. in die St. Thomae apostoli, mense Decembri.

Pillenreuth im Nürnbergischen Reichswald, zwey Stund vor der Stadt, gegen Kazwang gelegen. Hönns topogr. Lexicon, p. 517.

§. 2.

Relation aus des Klosters Saalbüchern, von Ursprung, Erbauung und Erweiterung der Clausen zu unserer Frauen Schiedung in Pillenreuth.

Nachdem wir Bruschii Meynung vorgetragen, ist auch dasjenige anzuführen, was von dem Ursprung, Erbauung und Erweiterung

der Clausen zu unserer Frauen Schiedung
in Pillenreuth, die Nonnen in ihre Saal-
bücher einschreiben ließen. Diese Nachricht
lautet also: Ursprung und Anfang des Klo-
sters Wildenreuth, im Nürnberger Wald
gelegen. A. Dni. 1341 hatte ein Kayser regie-
ret Ludwig, ein Herr von Bayern, der ist ein An-
fänger unsers Klosters, und aus ursach, dann
es wurden zween Kayser zu Aach, Im 1315
Jahr zu Kaysern erwählet, Ludwig ein Herr von
Bayern, und Friederich von Oesterreich, die
kamen nach vollents zu Krieg, da verliehe Gott,
dem Kayser Ludwig den Sieg, daß er den oester-
reicher schlug, und Friederich fieng, und wurf Ihn,
in Kerker und ließ Ihn doch wieder aaß, und
wurdt ein vertrag gemacht, waren auch dazu-
mal zween Bäpst, der eine crönet Ludwigen,
der ander Bapst bannet ihn. Darnach Im 1341
Jahr, wardt Kayser Ludwig, mit samt seiner
haußfrawen und den Jungfrawen zu Nürnberg,
da wardt er vermant von seiner haußfrawen und
den Jungfrawen seinem frawenzimmer, er solte
Gott dem herrn, ein Wiederlegung thun, umb
deßen, das Gott, viel Gottesdienst wäre ab-
gangen, wo er gewohnt hett, dieweil er, Inn
bann gewest. Und auff einen tag reutet er von
Nürnberg Jagen aus umb Kornburg umb, da
war es eitel walt und wüstung, da hört er Vo-
gelsüngen, das er sein tag nit besser vogelsang ge-
hört hätte, und sahe sich in die höhe umb, und
sahe an dem himmel ein Crucifix, da stieg er selbst
vom Pferd ab, und abhieb den ersten baum und
bekennet, das die statt were, daran man billig
Gott dient, und kaufft einen hoff der dabey stundt
einem

einem Großen ab, war ein Paurnhof, güng
von dem Kayser zu lehen, v. aigenden den hof zu
dem Kloster, v. gab darzu zway Dörflein, Wu-
tzelndorf vnd Herpersdorf, mit sambt dem gericht,
vnd an der statt, da der Kayser das Crucifix
hatt gesehen, vnd er den ersten baum abgehauen,
da ließ er die erste Meß halten an st. Lucas
tag auf einer kuffen, da stet jezundt vnser Schöpf-
brunnen, wurd darnach ein hülzern Kirchlein
dahin bawet vnd was Kirchweyh an Suntag
st. Trinitatis, das Kirchlein stunt nach volgends
16 Jahr, v. war geweihet in der Ehren Corpus
Christi, vnd der Schiedung v. himmelfart Ma-
riä, darnach besetzts der Kaiser mit fünf Jung-
frawen aus seinem frawenzimmer, da sind sie
zum ersten Klaußnerinnen genannt worden vnd
im Jahr ⸱ ist vnser Kloster reformirt worden,
vnd haben angenummen den Orden st. Augusti-
ni Canonicorum regularium. Darnach a. Dni
1356 da huben die Klaußnerinnen an zu Pauen,
eine stainerne Kirchen, dieselb kirch kam darnach
in vnser Kloster, da vnser Kloster erweitert wart,
vnd da sie diese stainerne Kirchen anhuben zu
bauen, da hetten die Leut gesprochen, sie wären
es nit vermügen, daß sie eine stainerne kirchen
könnten pawen, da was ein frummer alter blin-
ter Mann, aus dem negsten Dörflein da ge-
west, der hett gesprochen, nein schweigt still, sie
werdens mit Gottes hülf wol volbringen, vnd
sprach, sie weren über ettlich Jahr noch eine
kirchen pawen an der statt, vnd stopfft mit sei-
nem steckhen an die statt, da Jetzund vnser rech-
te Kirchen stehet. Vnd da es dieser Plint Mann
redt, darnach über 50 Jahr da wardt die dritt

Kirch

Kirch an der statt gebawet. Wer hats diesem
alten frumen Mann so vor viel Jharen gesagt.
Nun, als die vorgeschrieben Clausnerin 38 Jhar
beyeinander waren, da begehrten sie ein orden
anzurichten, also hetten sie alle einträchtig er-
wöllt, den orden st. Augustini Canonice Regula-
res, solches hatten Sie, mit demütiger bitt an-
zeigt, dem bischoff Rabono, von Aichstett, der
was solcher begehrung ganz willig gewest vnd
hett in geben den habit vnd orden den wir
tragen vnd hetten in gehorsam gelobet; das ist
geschehen a. 1379. an sant thomas tag des hailli-
gen Aposteln. Nach etlichen Jharen, da man
das closter erweitert, da bawet man die dritt
kirchen, als vorgeschrieben ist, die ward gewei-
het, in der Ehr assumptionis Mariae, vnd die
kirche in vnserm Closter ward gewephet in der
Ehren st. Anna, das geschahe a. 1418 am nech-
sten Sonntag vor st. Laurenzentag. Das Cru-
cifix, das Kayser Ludwig der stifter vnsers Clo-
sters ob in gesehen hatt, ist die gestalt vnd ver-
wund bildung Jesu Christi gewest und nit ein
schlechtes creutz.

§. 3.
Erinnerung gegen Bruschii u. der
Klosterfrauen Vorgeben.

Ludovicus Bavarus, hat sich zwar vielfältig
in Nürnberg aufgehalten. Allein, daß Er 1340
einen Reichstag in dieser Stadt veranstaltet,
mag nicht erwiesen werden. Nur so viel ergie-
bet sich, daß er in dem obbesagten und in dem fol-
genden 1341sten Jahr, einer Landfriedshandlung
beygewohnet. Alle Jahre, in welchen sich Ludo-
vicus zu Nürnberg eingefunden, sind sorgfältig

aus

aus Urkunden erwiesen, in Perilluſtr. Domini
Chriſt. Iac. Waldſtromeri oratione, de Curiis
Regiis Comitiisque, ante Sanctionis Carolinæ
tempora Norimbergæ celebratis, von p. 66. no-
ta 43. biß pag. 74. nota 45.

Von denen Jungfrauen aus der Kayſerin
ihrem Hofſtaat, welche die Kloſterfrauen und
Bruſchius, mit Namen zu nennen wiſſen,
auch von dem Vorhaben, die Clauſen in dem
Dorf Kornburg anzurichten, iſt in dem Stif-
tungsbrief §. 4. nicht das geringſte ueſtigium an-
zutreffen. So kan ich auch nicht finden, daß der
Kayſer dorthin, auf die Jagd geritten ſey. Nur ſo
viel läſſet ſich beſtimmen, daß Er dem Geſuch
frommer Frauen und Jungfrauen, welche in
der Stille ihr Leben hinbringen wolten, die Er-
richtung eines Kloſters beſtättiget, befreyet und
beſchenket hätte.

Die Kloſter Frauen geben für, der Kayſer
hätte das Crucifix, an dem Himmel erblicket,
Bruſchius, ſetzet es auf eine Aichen herunter.

Eben ſo wenig hat es Bruſchius getrofen,
wann er vorgiebet, das Kloſter wäre von dem
Bild, welches der Kayſer geſehen, Bildenreuth
genennet worden.

Ehe noch an ein Kloſter gedacht wurde, iſt
lange zuvor ein Bauernhof hieſelbſt geſtanden,
den man Wildenreuth genennet, und auf welchem
Ao. 1300 Cunz Stör geſeſſen. Vielmehr mag
dieſer Hof den Namen überkommen haben, von
der Wildnß, welche ehehin daſelbſt geweſen
und ausgeraitet wurde.

Bruſchius verſtöſſet ſich in der chro-
nologie und in Beſtimmung der Art von
des

des Kaysers Tod. Wann das Kloster a. 1340.
gestiftet worden, so müßte nach Bruschii Anzei-
ge, des Kaisers Tod, A. 1344 eingefallen seyn.
Allein, aus Burgundi historia bauarica Libr. III.
p. 179. seq. ergiebet sich, daß der K. Ludovi-
cus a. 1347 den 11ten Oct. als Er zu Für-
stenfeld, auf der Jagd gewesen, von dem
Schlag gerühret wurde, daß er von dem Pfer-
de gefallen und sogleich gestorben. Man be-
legte die Iohannam Feretanam, Herzog Albrechts
von Oesterreich Gemahlin, mit dem Soupçon,
ob hätte Sie, dem Kayser das Gift beygebracht.
Und dieß darum, weil sie kaum des Kaysers Kla-
ge, über die Leibesschmerzen, bey der Tafel
mit angehöret, sie sich sogleich zu Pferd ge-
setzet, und die Nachhaußreyße solchergestalt
beschleuniget, da sie sonst allezeit gewohnt ge-
wesen wäre, sich fahren zu lassen.

Burgundus glaubet dieses Vorgeben selb-
sten nicht, sondern schreibet: Quam saepe fama
mentitur!

§. 4.

K. Ludovici IV. Fundations - Brief.

Nos Ludovicus Quartus, Dei Gratia Roma-
norum Imperator, semper Augustus, ad perpetu-
am rei gestæ memoriam. Cœlestis humanæ
fragilitatis Medicus, suæ Creaturae, generi scili-
cet humano per inobedientiam primi parentis
miserabiliter et damnabiliter sauciato, non so-
lum de sua redemptione providit, sed et sa-
lutifero doctrinæ virtutisque ardentius imbuit
documento, dicens in Evangelio, manete in
me et ego in vobis, quodlibet sui corporis mem-
brum

brum ad opus pietatis et charitatis prouocans, et
adftringens, ut qui in charitate manferit et opera
charitatis profecutus fuerit, in Deo maneat, et
Deus in eo, quia Deus charitas eft.   Cum igi-
tur adimplendam chrifti doctrinam, tanto pro-
penfiori amplecti teneamur affectu, quanto nos
fublimius aeternae charitatis illuftratos, fuper
cunctum populum fidei chriftianae praetulit dig-
nitate, ex fingulari ac divina clementia nos fuum,
licet immeritum, conftituens vicarium, ut eius
pietatis ac charitatis vices in fancta ecclefia gere-
re teneamur, devotionis ipfius humiliter inhae-
rentes femitis ad voluntariae paupertatis amato-
res et Chrifti imitàtores fic mentem noftrae pie-
tatis reflectere volumus, ut ab eo, cui cuncta
charitatis parent, et relucent opera peccatorum
veniam, et devotionis praemia reportemus. Ea
propter, cum plures Deo deuotas puellas feu
foeminas fanctae paupertatis ardentes imitatri-
ces, ad implendam vitam heremiticam affici vi-
deremus, attendentes ad noftrae imperialis ma-
jeftatis praecipue et fpecialiter pertinere clemen-
tiam, talibus devotis et piis affectibus noftrae
imperialis munificentiae non deeffe fuffragia, pro
neceffitate, commodo et habitatione duorum Sa-
cerdotum, duodecim puellarum feu foeminarum
et una earundem Magiftra, nec non et fuae fami-
liae neceffaria, quandam heremum feu claufam,
et habitationem in Nemore *iuxta piscinas noftras*
in propinquo Curiae dictae Pillenreut, quod vul-
gariter nuncupatur zu unferer Frauen Schie-
dung, infra *gades et limites parochialis Ecclefia
Altdorfina* accedente eiusdem Ecclefiae parochi-
alis Plebani confenfu, ereximus et conftruxi-

mus

mus ac fundavimus, nec non et infra scriptis
bonis dotavimus, ipsiusque loci erectionem,
constructionem, fundationem et dotationem,
confirmavimus, approbavimus et ratificavimus,
nec non et præsentibus literis nostris confirma-
mus, approbamus et ratificamus expresse, in
nomine patris, et filii et spiritus sancti, perpetuis
temporibus duraturam. Ipsi quoque loco et
personis inibi degentibus, secundum præscri-
ptum numerum, ex nostra Imperiali clementia
damus, donamus et appropriamus sylvam, in
qua dicta clausa sive heremus situatur, cum pra-
to, dicto *Erlnhafen* et duabus villis, videlicet
Herbrechtsdorf et *Wutzelndorf*, cum omnibus
juribus suis ac pertinentiis, nec non appropri-
amus ipsi loco et personis Curiam *Pillenreut*, a
fideli nostro *Chunrado*, dicto *Gross*, Sculteto in
Nuremberg, ipsis cum omni jure, ac pertinen-
tiis liberaliter donatam et traditam ac etiam libe-
rali donatione in ipsas transferimus, omnia et
singula bona prædicta proprietatis titulo perpe-
tuo possidenda, pro suis victualibus et necessi-
tatibus, ut Deo liberius et commodius valeant
deservire. Donamus insuper et conferimus de-
cimam partem fructuum et emolumenti, quæ
ex piscinis circumjacentibus in piscibus proveni-
re poterit, et communem usum Nemoris, sive ius
secandi nemus nostrum in lignis combustilibus
ac etiam pro stucturis erigendis atque structura-
rum restaurationibus faciendis, prout sola earum
necessitas exigit et requirit. Praeterea concedi-
mus et damus eisdem communem usum et
Ius pascuorum, viarum, platearum communi-
um stratarum, aquarum decursuum, et omnia

ac singula Iura, libertates et gratias, quæ aliis ipsum nemus circumsedentibus, ex gratia, ex iure et ex antiqua deducta consuetudine sunt concessa, ita ut ipsis libere uti possint, ac uti, frui; contradictione cuiuslibet non obstante. Decernimus etiam et auctoritate nostra Imperiali ordinamus, ut altero sacerdotum defuncto vel cedente, aut certe ambobus cedentibus, alium seu alios seculares aut religiosos sibi assumere valeant, simile propositum seu affectum heremiticæ vitæ gerentem, vel gerentes, secundum quod sibi melius et ordinatius judicaverint provenire. Nulli ergo hominum liceat omnino, hanc nostræ fundationis, et confirmationis et etiam approbationis infringere paginam aut ipsum locum in personis ac rebus suis quomodolibet perturbare, sub nostræ obtentu gratiae, aut ei ausu temerario contraire. Si quis autem hæc attentare præsumserit, præter indignationem nostram, quam ipsum incurrere volumus ipso facto, poenam videlicet triginta librarum puri auri quorum medietatem Fisco nostro, reliquam vero injuriam passis applicare volumus, *omnipotentis iram ac indignationem se noverit incurrisse.* In quorum omnium testimonium et robur præsentes conscribi et nostræ Maiestatis sigillo iussimus communiri. Datum in oppido Nurenberg XII. die mensis Iulii, anno millesimo trecentesimo quadragesimo quinto, regni nostri anno tricesimo primo, Imperii vero decimo octavo.

Anmerkungen. *Iuxta pistinas nostras.* collato §. 8. *iuxta piscinas, quas Dominus noster Imperator custodiæ Friderici et Iohannis fratrum Visbeken commisit.* Die Misch-

Vischbeken, sind sehr alten Adels und hatten ihren An-
sit, in dem noch bekannten Nürnbergischen Dorf Visch-
bach. Ihnen ist eine der Nürnbergischen Burghuten an-
vertrauet gewesen, samt vielen Weyhern, so Sie als
ein Feudum mixtum innen gehabt, sonderlich diejeni-
gen, welche bey Pillenreut noch zu finden sind. Sie
haben dabey ein Hauß aufgeführet, welches §. 8. ca-
stellum, munitio genennet wird. Weil der Rath zu
Nürnberg besorgte, wann noch mehrere Weyher, auf
dem Reichswald gegraben würden, möchte es, wegen
ausraiten des Holzes bedenklich fallen: die Vischbe-
cken musten sich dahero reversiren, daß Sie nicht
mehr Wald ausraiten, noch andre Weyher machen
wolten, u. da sie die gemachten verkaufften, Sie, sol-
che dem Rath anbiethen solten. actum Samstag nach
st. Elspeten tag a. 1329. Nachgehends hat der Rath
zu Nürnberg, diese der Vischbecken ihre Weyher und
noch andere, zu Königsbruck, Weisensee und Kaswang,
samt denen in Erlach gelegenen, welche die Vischbe-
cken von K. Ludwig und K. Carolo IV. als Erblehen
innen hielten, um 2500 fl. an sich gelöset. End-
lich hat K. Carolus IV. die Stadt privilegiret, daß
solche Weyher, zu ewigen Zeiten bey der Stadt Nürn-
berg unverpfändet verbleiben solten. datum Mainz 8
tag nach st. Christofentag. 1354.

Frauen schiedung oder Maria Himmelfarth, fället
auf den 15 Augusti. S. Haltausium, in seinem calen-
dario medii ævi, p. 116. §. 50.

Gades et Limites parochialis ecclesiæ Altdorfinæ.
Gaden, Confinia. Lat. Gades. Siehe Haltausii Gloss.
germ. medii ævi p. 581. Rusticanus terminorum in-
terpres: gades, ein tail des Landes, das da tailt
und vnderschaidt.

Si quis hæc attentare præsumserit - omnipotentis
iram. Von denen Fluchclauseln, womit auch die Kay-
ser ihre Urkunden zu bevestigen suchten, Siehe Herrn
Dr. Joachims Einl. zur teutschen diplomat. IXtes
Hauptstück §. 13. seq. Eckhardi introduct. in Rem
diplomat. Sect. III. c. III. §. 28. p. 131. seq. Ertels
Churbayerischen Atlant. T. II, p. 102 seq.

§. 5.

§. 5.

Dotations-Brief H. Konrad Großens
Schultheißens in Nürnberg de a. 1345.

Ich Chunrat Grozz, Schultheizz ze Nürn-
berch vnd Stifter der Closen ze der Pillenrevt ze
vnnserer frawen Schidung genannt, verglich
offennlichen an dizem brief allen den di in lesent
oder horent lesen, daz ich mit wolbedachten
Mut ze der zeit do ich ez wol getun mocht, durch
Gott vnnd durch mein vnnd meiner vordern sel
will'n geb'n han ze einem ew'gen Selgret, den
hof ze der Pillenrewt, den ich kawft vmb den
hordler v. sein eelich wirtin, vmb zwai hunndert
phunnt haller, do di Cloßen auffsteet, den Erb'n
gaistlichen frawen vnnd Closnerinnen di in der-
zelben Closen wonnhaft sint v. allen iren nach-
kommen ze nüzzen vnd ze haben ewigclichen. daz
han ich in geben die zwai dörfer Herberstorf v.
Wozelndorf di mein pfannt war'n von dem
reich, von meinem gnedigen Herrn Kayser Lud-
wig'n von Rom. Dizelben zwai dorfer sag ich in
gentzlichen ledig, vnd den hof der vorgeschrib'n
stet, vnnd gib in div gut alle mit gericht, mit holtz,
mit wazzer vnd waid, mit allen den rechten
di daze gehörn. sivi div genannt sint, besucht
vnd vnbesucht, an alles geuerde, vnd alz si
von meinem gnedigen Herrn Kayser Ludwigen
von Rom, brief darüber habent vnnd schullen
auch davon alle iar zeit mir begeen, alz si brief
darüber geben habenn. Vnd daz dizer vorge-
schriben sache alle fürbaz stet vnnd vnzerbrochen
beleibe, darüber gib ich in dizen brief zw ainer
offen vrkunte dizer sache versiegelt mit meiner

B   In-

Infigel, daß daran hanget, der gebenn itz, nach criſtus geburt dreyzehenhundert iar, darnach in dem fünf vnnd virzigiſten Jar, an ſant Walpurgen abent.

Anmerkungen. Seelgerethe, iſt eigentlich ein Vermächtniß, welches man zur Rettung der Seele aus dem Fegfeuer, entweder an Gült, Zehenden oder liegenden Güttern, an ein Kloſter vermachte. Confer Wachteri gloſ. p. 1499.

Beſucht und unbeſucht. In denen lateiniſchen Urkunden, wird dieſe Redensart, durch quæſitis et inquirendis, oder auch durch quæſitis et acquirendis, ausgedrücket. Siehe Herrn v. Gudenus Cod. Dipl. Tom. 1. num. VII. p. 11 et 13. num. VIII. durch beſucht und unbeſucht ſind zu verſtehen alle Zehenden, die man allbereit einfängt, ſamt denjenigen, welche durch Neubrüche und Neugereuth noch dazu können gebracht werden. S. Wernble vom Zehend-Recht pag. 364.

Herberſtorf v. Wotzelndorf, pfand vom Reich. Siehe hiſtoriam Norimberg. Diplomaticam p. 327. n. 121.

Von Conrad Großen, iſt eine weitläuftige Erzählung, in denen Hiſtoriſchen Nachrichten, von der Stadt Nürnberg p. 101. ſeq. und in Falkenſtains Nürnbergiſchen Chronik p. 418. zu finden. Dieſer iſt noch beyzufügen, daß er folgende Ehrenſtellen in Nürnberg bekleidete. A. 1329. ſtunde Er als Pfleger, bey dem Catharina-Kloſter. A. 1332. wurde Er junger Burgermeiſter. A. 1333. Pfleger des von ihm gutentheils errichteten neuen Spitals zum Heiligen Geiſt. A. 1339. Stadtſchultheiß ſtarb 1356. den 6 Maii. Siehe die Diptycha Eccleſiae ad Spiritum Sanctum p. 9.

§. 6.
Erbauung und Erweiterung des
Kloſters Pillenreuth.

Anfänglich iſt die Kyrche, das Kloſter, und andere darzu gehörige Gebäude, nur von

Holz

Holz erbauet gewesen. Durch die gesammle-
te Almosen, und durch Beytrag etlicher milden
Stiftungen, haben die Kloſterfrauen, ſo viel
Geld zuſammen gebracht, daß ſie, nach Ver-
flieſung weniger Jahre, ihre ſchlechte Claußen
abbrechen, und von Stainen, weit gröſſer und
anſehnlicher aufführen kunten. Nachgehends
veranſtaltete die Pröpſtin Barbara von Haß-
lach, noch einen prächtigern Bau. Herr Hilt-
polt Kreß, zu Nürnberg, hat zu dieſem Bau
600. fl. aus guter Andacht verehret. Das
neue Gebäude iſt a. 1404. vollführet worden,
und muß, wie aus den wenigen übrig gebliebe-
nen ruderibus abzunehmen, welche in Johann
Chriſt. Volkamers, Nürnbergiſchen Heſperidi-
bus Tomo I. p. 150. a zu ſehen ſind, ſehr
ſplendide geweſen ſeyn. Siehe oben §. 2.

§. 7.
Kaiſerliche Confirmationes des
Kloſters zu Pillenreuth.

Kayſer Carl IV. hat dieſes Kloſter, wel-
ches er nennet, die Cloßen zu unſerer Frauen-
Schiedung gelegen, in fundo dicto Pillenreuth,
in ſylua Norimbergenſi, dioeceſis Eyſtettenſis,
auf Anhalten Conraden Großens Schulthei-
ſens zu Nürnberg beſtättiget, ſub poena qua-
draginta librarum auri puri, datum Sulzbach
a. 1356. In dieſer Beſtättigung, ſind als Zeu-
gen eingeſchrieben : *Rupertus Senior Palatinus*
Rheni, Dux Bauariae, Archidapifer; Rudolphus
ſenior, Dux Saxoniae, Archimarſchallus; et Lu-
douicus Romanus Marchio Brandenburgenſis et
Luſatiae, Archicamerarius ſacri Romani Imperii;

B 2   *Hen.* i-

Henricus Lubnicensis, Theodoricus Mundensis, Episcopi; Bolcko Falckenburgensis; Bolcko Opaliensis, et Primislaus Theschnicensis, Duces. Vlricus de Rosenberg, Ruzzo de Lutiz, Subcamerarius Regni Bohemiae, et alii quam plures.

Diesen Brief hat Caroli IV. sein Sohn der Wenceslaus, als Römischer König, inserto integro literarum tenore bestättiget, sub dato Nürnberg Idibus Iunii anno 1382. Beyde Urkunden nennen den Grossen, Fundatorem, und wird Kayser Ludwigs gar nicht gedacht.

Rupertus Römischer König hat alles, was K. Carl IV. dem Kloster Pillenreuth bestättiget, gut geheissen, sub dato 1401. feria secunda proxima post dominicam, qua cantatur in Ecclesia Dei, Laetare.

K. Siegmund, confirmirt der Pröpstin und dem Conuent zu Pillenreuth, alle und jegliche, Ihre Begnadigungen, Freyheiten, Rechte, Gütter, gute Gewohnheiten, Briefe und Handvesten, die ihre Vorfahren, von denen Römischen Kaysern und Königen und sonst andern geistlichen und weltlichen Personen erlanget. Hiernächst nimmt er auch die Pröpstin samt ihren Klosterfrauen, Güttern und Unterthanen, in seinen, und des Reichs Schutz und Schirm. Datum Nürnberg a. 1414. den nächsten Tag nach st. Michelstag.

Von Kayser Friederich ist eine gleichförmige Bestättigung vorhanden, mit angehängtem Schutz, so er dem Kloster zusaget; sie ist datirt zu Nürnberg a. 1444. Samstag nach st. Michelstag.

§. 8.

Bischof Albertus zu Eichstädt confir-
mirt die Stiftung des Klosters Pillenreuth.

Albrecht von Hohenfelß, erwählter und
bestättigter Bischof zu Eichstädt, hat die Stif-
tung der Clausen zur Frauen Schiedung bestät-
tiget a. 1345. am Abend vor st. Jacobstag. In
diesem offenen Brief ertheilet er der Clausen,
das Ius sepulturae, und denen zwey Priestern
desselben, die Freyheit, daß sie auf dem Hof
zu Wildenreuth und auf dem dabey liegenden
Schloß der Vischbeckhen alle Gottesdienstli-
che Handlungen verrichten dürften, damit aber
dem Plebano der Pfarrkyrchen zu Altdorf, und
dessen Cappellano zu Kornburg, der bißher in
dem gedachten Pillenreuth die actus parochiales
gehabt, an denen Einkünften nichts abgehen
möchte, so ist von dem Bischof die Vorsehung
geschehen, daß man von dem Einkommen des
Klosters, dem Vicario in Kornburg, alle Jahr
2 Pfund Heller reichen muste, zu einer recom-
pensation dessen, was ihm etwan abgehen möchte.
Wir wollen diesen Bestättigungs-Brief, wie
wir ihn von dem Original selbst abgeschrieben,
treulich mittheilen.

Nos Albertus Dei gratia. *Electus* et *Con-*
firmatus Ecclesie Eystetten. Recognoscimus et
ad presencium ac futurorum memoriam cupi-
mus peruenire. Quod cum *Serenissimus* domi-
nus noster Ludowicus Imperator Romanorum,
semper augustus, sue memor salutis, quendam
Heremum seu habitacionem pro necessitate et
commodo piam et heremiticam uitam in Chri-
sto ducere volentium, erexisset, fundasset, et

Do-

Dote fufficienti dotaffet, infra Gades ac limites
parochiæ Altdorf, in nemore iuxta pifcinas, quas
idem Dominus nofter Imperator Cuftodie Fri-
derici et Iohannis fratrum dictorum Vifchbecken,
commifit, ac in eodem Loco fiue Heremitica
manfione Duodecim puellas feu feminas, et
vnam earundem Magiftram cum duobus facerdo-
tibus locaffet, poftulans, ut eundem locum et per-
fonas fecundum ordinationem et inftitutionem
per eundem fereniffimum Dominum noftrum in-
ftituta, ac ordinata, ex noftra ordinaria auctorita-
te approbare ac confirmare dignaremur, Et eis-
dem ædificationi, erectioni et fundacioni, no-
ftrum preberemus affenfum. Cum ergo tanto
acrius in diuinis debeamus oblectari cultibus,
quanto altius in ecclefia dei dignitatis vaftigium
afcendimus, attendentes, quod dicta fundacio,
ereccio et dotacio, praeclariffimi domini noftri
tam fancta tamque pia, diuini cultus et religio-
nis augmentum multipliciter introducant, Con-
fiderantes etiam quod ad noftrum paftorale offi-
cium precipue pertinet, Talibus piis et fpiritua-
libus operibus maxime in ordinationibus per-
petuis dare et exhibere confilium auxilium et
favorem predictam et Inftitutionem et dicti
Loci dotationem ac Erectionem, quantum
nos et noftram Ecclefiam Eyftettenfem predi-
ctam tangunt aut tangere poffunt quouis mo-
do, de confenfu noftri capituli expreffo Tra-
ctatu fuper hoc diligenti prehabito, meliori
modo et forma, quibus poffumus et valemus
approbamus et ratificamus, Credentes ex hoc
conditionem noftram ac noftre Ecclefie Eyftet-
tenfis et etiam parochialis ecclefie in Altdorf fa-
cere

cere meliorem ac non deteriorem, Dantes di-
ctis Sacerdotibus duobus ibidem exiftentibus
aut in futurum perpetuis temporibus fibi fucce-
dentibus, et in eodem loco manentibus, ple-
nam auctoritatem ad miniftrationem Sacramen-
torum omnium ac fingulorum, Ita fane, ut per-
fonas in dicto heremo manentes, ac familiam
earum, nec non familiam et omnes inhabitan-
tes Caftellum fiue Munitionem et Curiam dicto-
rum fratrum Vifchpekchen. Infuper et fami-
liam inhabitantem Curiam dictam Pillenrevvt
procurare et munire poffint, et valeant facra-
mentis penitencie, Euchariftie et vnctionis ex-
treme. Nec non et alia Sacramenta poffint et
valeant libere noftra auctoritate ordinaria mini-
ftrare. Et vt in locis dictis morientes, ac quofcun-
que alios in cemiterio dicte Clufe feu heremi fe-
pulturam eligentes, abfque preiudicio tamen
funeralium debitorum parochialis ecclefie vnde
affumantur, tradere valeant, ecclefiaftice fe-
pulture, porro vt debitus honor et recompen-
facio parrochiali fiat Ecclefie in Altdorf predicte
et eius plebano, Idem Sereniffimus dominus
nofter Imperator ftatuit et ordinavit, ut decuria
Pillenrevvt predicta perpetuis futuris tempori-
bus vicario feu Cappellano Capelle in Kurnburg,
due Libre hallenfium in recompenfationem o-
mnium et fingulorum, annis fingulis miniftren-
tur. Vnde nolumus ac etiam firmiter inhibe-
mus, ne ultra hoc vel ipfi vel eorum familia
aut etiam prefcripta Loca inhabitantes quibus-
cunque aliis conftitutionibus Iuribus aut con-
fuetudinibus, a predicto plebano vel quocunque
alio eius nomine vllatenus aggraventur. In

B 4   quorum

quorum omnium robor et evidens testimonium
sigillum noftrum presentibus eft appensum. Nos
vero ... prepofitus, Totumque capitulum ec-
clefie Eyftettensis fuper omnibus predictis cum
domino noftro Electo et Confirmato fupra-fcri-
pto diligenti tractatu habito. Eisdem ex certa
scientia consentimus ac sigillum noftrum hiis
scriptis, vna cum sigillo Domini noftri Episcopi
iam dicti appendimus in perpetuam roboris fir-
mitatem. Et ego heinricus plebanus in Altdorf,
attendens conditionem parrochialis Ecclesie mee
non facere deteriorem ymmo meliorem acce-
ptata refusione prescripta, omnibus et singulis in
hiis literis contentis affensi et prefentibus affen-
cio, Nec non sigillum meum vna cum sigillis
Reverendi in Chrifto patris ac domini noftri do-
mini Alberti Electi et confirmati, atque capituli
ecclesie Eyftettensis ex certa scientia duxi presen-
tibus appendendum in robor et teftimonium
omnium prescriptorum. Actum et Datum Eyfter.
Anno Domini millesimo Trecentesimo Quadra-
gesimo Quinto. In vigilia beati Iacobi Apustoli.

Anmerkungen. *Electus et Confirmatus.* Albrecht
von Hohenfels, wurde von dem Capitel erwählet und
von Papft Clemente VI. wieder abgesetzet, um deswil-
len, weil Er die Confirmation zu Mainz gesucht v. er-
halten. Der Papft verordnete an seine Statt Herrn
Bertold Burggrafen von Nürnberg Land-Commenthur
des teutschen Ordens, derselbe wolte aber den von Ho-
henfels nicht verstoßen, sondern hat allererft a. 1355.
da Albertus im Ianuario gestorben, sich des Regiments
angenommen. Falkensteins antiquitates Eyftettenses
Tom. I. c. 45. p. 185.

Serenissimus Imperator. Serenissimus und Se-
renitas, sind in denen ältesten Zeiten, die Kayserli-
chen Titulaturen gewesen. Davon ift Nachricht zu fin-
den

den in Speners Teutschen Iure publico, Tom. IV. c. I.
§. 4. p. 360. nota e.

Das original dieses Bestättigungs-Briefs, ist einen
Schuh und 8 Zoll breit, bestehet auß 21 Zeilen und
zwey Worten. Die daran hangende oblonge Sigille
sind noch alle wohl behalten. Um das bischöffliche ist zu
lesen: ✝ Albertus Dei Grat. Eltus et confirmatus
Eccle. Eystetensis (Albertus Dei gratia Electus et con-
firmatus Ecclesiae Eystetensis) Der Bischof sitzet, in sei-
nem Priester-Kleyd, auf einem schlechten Riß-Sessel,
in der linken Hand hält er das Chor-Buch, die rechte
leget er auf die Brust, das Haupt ist mit einer mitra
bicorni bedecket, die Füsse ruhen auf einem Schemel.
Das Sigillum capituli, ist etwas grösser und auch di-
cker. Der heilige Wilibaldus præsentiret sich in ponti-
ficalibus sitzend. In der rechten Hand siehet man ein
Buch, mit der linken hält er den Krumstab; auf der
Brust, kan man ein Agnus Dei gantz deutlich erblicken.
Die Umschrift lautet also: ✝ S. Capituli. Ecclesie.
Eystetensis. In dem innern Reif, um das Bild des
Wilibaldi stund: ✝ SCS (sanctus) Willibaldus. ✝

Das Siegel des Plebani zu Altdorf ist auch läng-
lich, 2 Zoll hoch und einen breit. Dasselbe stellet den
Engel Michael vor, mit ausgebreiteten Flügeln, auf
dem Drachen stehend, wie er mit einer Lanze diesem den
Kopf durchstösset. ✝ S. E. Veri Pastoris Ecclesie in Ra-
sche. (Sigillum Enrici veri Pastoris etc.) Es nennet sich
dieser Henricus hier den verum pastorem darum, weil
damalen ein vice Plebanus, auf der Pfarr mag substituirt
gewesen seyn.

§. 9.

Cardinals Pilei Ablaß-Brief, wel-
chen Er dem Kloster Pillenreuth er-
theilet.

Pileus miseracione Divina tituli sancte Pra-
xedis presbyter Cardinalis ad infra scripta apo-
stolica auctoritate suffulti. Vniversis Christi fi-

delibus prefentes literas infpecturis. Salutem
in domino. Splendor paterne glorie qui fua
mundum illuminat ineffabili claritate pia vota
fidelium de clementiffima ipfius maieftate fpe-
rancium, tunc precipue pro favore profequitur
cum devota ipforum humilitas fanctorum pre-
cibus et meritis adiuvatur ac Chrifti fideles eo
libencius ad devocionem confluent quo ibidem
uberius dono celeftis gracie fe confpexerint re-
fectos. Cum igitur dilecte nobis in Chrifto
prepofita et Conventus Monafterii fanctimo-
nialium in Pillenreut ordinis regularium Cano-
nicorum fancti auguftini Eyftettenfis diocefis
ad ecclefiam ipfius monafterii fpecialem gerunt
deuocionem et affectionem, prout accepimus
nobisque humiliter fupplicarunt ut pro deuo-
cione ipfius augmentanda fpiritualia munera lar-
giri dignaremur. Nos igitur dictis fupplicatio-
nibus favorabiliter annuentes de omnipotentis
Dei mifericordia et beatorum Petri et Pauli apo-
ftolorum eius meritis et auctoritate predicta
confifi omnibus vere penitentibus et confeffis,
qui dictam ecclefiam in feftivitatibus videlicet Na-
tiuitatis Refurrectionis et Afcenfionis Domini
noftri Ihefu Chrifti, Pentecoftes, Trinitatis et
Corporis Chrifti fingulisque feftivitatibus beate
Marie virginis et fanctorum apoftolorum et qua-
tuor doctorum, Ambrofii, Ieronimi, Augu-
ftini, Gregorii ac patronorum et dedicatione
ipfius ecclefie deuote vifitaverint, Centum
dies de iniunctis eis penitenciis auctoritate pre-
libata mifericorditer relaxamus Datum Nurem-
berge Bambergenfis diocefis xiiij Kal. Iulii pon-
tificatus fanctiffimi in Chrifto Patris et Domini
                                        noftri

noſtri domini Vrbani diuina prouidencia pape Sexti, anno ſecundo.

viſae
Gherardus
Ra. Se.

Anmerkung. Vrbanus VI. ein Neapolitaner wurde 1378. erwählet; iſt alſo dieſe Ablaß-Bulle A. 1380. den 18 Iunii ertheilet. Das Siegel des Cardinals iſt länglich, mit rothen Wax in einer gelben Wachs-Capſel eingedruckt, und ſtellet die Maria vor, zwiſchen zwo heiligen Frauen ſtehend, in der rechten Hand den Palmzweig, in der linken ein Buch haltend. Die Umſchrift S. Pilei T. T. Scte Praxedis Presbyteri Cardinalis. Dieſer Cardinal Pileus hatte denen Carthäuſſer Mönchen auch die Freyheit ertheilet, die Carthauſſen in Nürnberg, welche Herr Marquard Mendel geſtiftet, zu erbauen. Er beſchenkte die Carthäuſſer Kirche, mit einem ſchönen Gemählte, mit dem Frauenbild, und worauf auch er im Bildniß mit ſeinem Wappen zu erſehen war.

§. 10.

Die Pillenreuther Kloſter-Frauen nehmen Auguſtini Orden an, und ſolchen beſtätiget ihnen Rabno, der Biſchof zu Eichſtädt. Anno 1378. d. 28 Decembris.

Biß gegen das Jahr 1377. lebten die Pillenreuther Kloſter-Frauen beyſammen, ohne ſich an gewiſſe Ordensreguln zu binden. Weil aber daraus viele Unordnungen entſtanden, ſo wurden ſie mit einander einig, das wilkürliche abzuſchaffen, dargegen Auguſtini Ordensreguln anzunehmen und ſich gänzlich darnach zu beſcheiden. Sie wendeten ſich deswegen an den Biſchof Rabno, der ein Schenk von Weylburgſtetten geweſen, und baten Ihn, als diœceſanum, um die Confirmation und

Neh-

Weyhe, das Gesuch wurde von ihm genehm
gehalten, und Burckhard von Bleyuelth,
Domherr u. Capellan der st. Wilibalds Kyr-
chen zu Eichstädt, mit voller Gewalt, an das
Convent nach Pillenreuth abgeschicket. Bey
seiner Ankunft musten die Kloster-Frauen pio-
fess ablegen, das Ordens-Kleyd anziehen, und
den Anfang machen nach st. Augustini Regul
zu leben, auch sich mit einander vergleichen eine
aus ihren Mitteln, zur Pröpstin zu erwählen,
und bey dem ordinario die Bestättigung zu su-
chen. Rabnonis Confirmations-Brief, ist mei-
stentheils mit abgekürzten Worten geschrieben,
und daher schwer zu lesen. Wir wollen diesen
Brief in extenso mittheilen, und die abbrevia-
turen in ihrer Bedeutung beysetzen:

Rabno Dei gracia Episcopus Eystetensis, ad
memoriam sempiternam. Dominus et Salua-
tor noster, per prophetam, Vovete, inquit, et red-
dite Domino Deo vestro, omnes, qui in cir-
cuitu eius affertis munera. Per hoc diuine sue
prouidencie salutare consilium, quo non quos-
libet indistincte, sed specialiter deuotos suos
sua videlicet ei munera spontanee offerentes,
pro maiori deuocionis et salutis ipsorum aug-
mento ad promittendum vota sua eisdem mu-
neribus exhortatur, omnibus patenter insinuans,
illa sibi fidelium suorum obsequia que ei per fi-
deles eosdem piis ipsorum votis præviis exsol-
vuntur, Istis ad que exhibenda fideles ipsos
nulla votorum astringit necessitas, esse et certe
multo graciora, Tum quia in istis quidem so-
lus fructus, in illis vero cum arbore fructus
offertur, Tum quia arbor illa votum videlicet

tanta

tanta dignitate præfulget, ut opus latrie que est
inter morales virtutes precipua cenfeatur. Tum
eciam quia voluntas hominis per motum ipfum
immobiliter firmatur in bonum, quod utique
ad perfecrionem virtutis dinofcitur pertinere,
Dilecte itaque in Chrifto conventus regularis
Ecclefie fancte Mariæ virginis in Byllenreuth or-
dinis canonicorum regularium beati Auguftini
noftre diœcefis. Poftquam iam dudum ficut
accepimus propter fponfi celeftis amorem, cui
iuxta apoftolum vni viro fe virginem caftam
non quidem voto follempni fed fimplici exhi-
hibere defponderant, hoc prefens nequam fe-
culum relinquentes fefe aput dictam ecclefiam
inclufiffent easdem inibi fponfi fui adventum
ornatis operum deuocionis fiue prout ipfe eis
dabat lampadibus fub fpe firma introeundi cum
eo ad nupcias, expectantes. Tandem poft
annos plurimos primum de prefcripte conclu-
fionis veritate prudenter edocte, illamque de-
fiderabiliter amplectentes inveftigare ceperunt
religiones diuerfas et ipfarum obferuancias,
mente follicita pertractarunt, ut in una ipfa-
rum, quam ducerent eligendam, illa fui opera
famulatus, que liberis mentibus usque tunc,
virtutum dominio in fpiritu humilitatis impen-
derant, exinde ei celebris voti neceffitate con-
ftricte laudabilius exhiberent. Et quia ad ordi-
nem canonicorum regularium beati Auguftini
predictum pre aliis religionibus memoratis ipfa-
rum trahebatur affectio eiusque eciam obfer-
uanciam per annum et amplius, citra tamen
eius profeffionem quamcunque, fuerant iam
experte, Illum fibi affumere cupientes nobis

per

per certas suas literas summatim dictarum informacionis et intencionis earum seriem exponentes humiliter supplicarunt quatenus ipsis super eo, consilium, auxilium, oportuna impendere paterna prouidencia dignaremur. Sed licet spiritus quidem noster promtus fuit ad promissa, caro tamen infirma, ea iuxta exigentiam tante rei adimplere nequivit. Et idcirco quod non potuimus per nos ipsos, saltem per aliam personam ydoneam perficere cupientes, ad meritoriam execucionem operis tam diuini, fidelem ac familiarem nostrum Burkhardum de Bleyvelth Canonicum ac capellanum Chori sancti Wyllibaldi Ecclesie nostre Eystetensis, virum utique prouidum et discretum et eidem operi quam plurimum congruentem, nostris precibus decreuimus invitandum, plenum ei, de fratrum nostrorum capituli Eystetensis consilio et assensu per certas nostras literas auctoritatem nostram in subscriptis articulis specifice committentes; Qui dictis precibus acquiescens ad predictam accessit Ecclesiam et ibidem diligencius inquisita et inventa firma perseuerancia dicti propositi earundem, eas suppliciter hoc petentes ad predicti ordinis professionem admisit et professionem ipsam a singulis earundem in hec verba recepit: Erberger herr, ich N. vergih vnd gelob in ewer gegenwertikeit Gott vnd meinem herrn . . . byschof zu Eysteten gehorsam zu seyn furbaz die weil ich leb nach der regeln sant augustins. Eisque continuo post hec habitum tradidit ordinis sepe dicti, suis corporibus tanquam suave iugum domini toto vite sue tempore humiliter deferendum, et tam ipsas,

quam

'quam dictam earum Ecclefiam iucorporavit
ordini canonicorum regularium beati auguftini
predicto, ac decrevit ipfas et eis in dicta Eccle-
fia fuccedentes eandem quoque Ecclefiam atque
bona fua prefencia et futura debere ecclefiafticis
gaudere immunitatibus et libertatibus ac nichilo-
minus dicti ordinis priuilegiis vniverfis. Cete-
rum unanimi ipfarum confenfu accedente fta-
tuit duodenarium canonicarum regularium in-
clufarum numerum deinceps fore in dicta eccle-
fia perpetuis temporibus inviolabiliter obferuan-
dum, ut nullam videlicet inibi debeat de cetero
in Canonicam regularem inclufam ultra nume-
rum recipi memoratum. huic quoque fuo ftatu-
to de expreffa earum voluntate adiecit quod ipfe
et eis in dicta Ecclefia futuris temporibus ut pre-
dicitur fuccedentes fub perpetua debeant aput
ipfam ecclefiam iuxta conftitucionem felicis re-
cordacionis Domini Bonifacii pape viij fuper
hoc editam remanere claufura, ut autem eedem
Canonice regulares dyabolo, qui ficut Leo ru-
giens circuit, querens quem deuoret, et ma-
xime illos quos ardenciores invenit in feruicio
faluatoris eo validius poffint refiftere quo caftra
clauftralia, in quibus regi celefti per dictam pro-
feffionem militantibus eius matricolis iam af-
fcripte feruenter militare defiderant firmius fue-
rint communita, nos duplici caftrorum huius-
modi firmitati apoftolice videlicet et canonice
predicte ymmo noftre conftitucionibus memo-
ratis duximus fuperaddendam et terciam hanc
fcilicet dictarum Canonicarum regularium no-
minacionem breuiffimam ut videlicet inclufe
perpetuis temporibus nominentur, quatenus
hæc

hac ipfa nominacione frequenter commonite remanere cupiant, quod dicuntur: Confidimus enim in domino quia hic triplex funiculus duarum fcilicet conftitucionum et nominacionis huiusmodi facile non rumpantur. Poftremo, quia ficut in apibus princeps unus eft, et grues unam fequuntur ordæne feruato, Ita et nulla congregacio hominum quocunque illa nomine cenfeatur, diu fine capite ftare poteft, Idcirco prefatus canonicus dictis inclufis precepit, ut unam ex fe ipfis, quam dignam et ad hoc opus ydoneam eftimarint, quanto celerius poterint, fibi eligant in prelatam, quam nos confirmacionis electionis eius obtenta cenfuimus, et cenfemus extunc prepofitam iam antea nominandam. Et dicto fuo precepto addidit idem Canonicus, quod electrices electionem hanc, perfone electe quam cicius poterint reprefentent et eiusdem electe confenfu petito atque per ipfam ex tunc adhibito infra Menfem decretum electionis huiusmodi fimplici latine vel theutonice locucionis ftilo confcriptum nobis tranfmittant, in quo proceffum electionis ipfius nobis infinüent et eam a nobis petant, cum inftancia confirmari. Intimavit infuper eifdem inclufis, canonicus predictus, quod nos in huiusmodi confirmacionis negocio et ad eius finem ficut nobis iuftum vifum fuerit, absque magnis earum fumptibus et difficultate quacunque favente Domino procedemus. Cum ante dictus Canonicus vniverfa et fingula gefta, ut prefertur, per ipfum nobis plene uiua voce retuliffet, nos ea omnia rata habuimus atque grata et ratificamus nichilominus per prefentes. Datum Nurnberge *in Curia nostra*

nostra aput sanctum Egidium anno domini Mille-
simo CCC° LXXIX *in die sanctorum Innocentium*
presentibus discretis viris Dominis Friderico de
sancta Katharina, Iohanne Kuburk presbyteris,
berhtoldo haller seniore Ciui Nurenbergensi.

Anmerkungen. *Ordo canonicorum Regularium Au-*
gustini, die nach Augustini Reguln leben und für sich
nichts eignes haben, sondern in Gemeinschaft der Klo-
stergütter leben.

In curia nostra aput sanctum Egidium. Dieser
Eychstetter Hof, ist an die Pfinzinge gekommen, und
nun das Jobst Friederich Tezlische Vorschickungs-
Hauß, auf st. Egydienhof, gegen dem Gymnasio über,
dahin erbauet. Wegen dieses Eychstätter Stifts-Hofs
hat Ao. 1405. feria 2da post Epiph. Dom. auf dem Land-
gericht zu Fürth, Conrad Holder, Burger von Nürnberg,
den Herrn Bischof Friederich zu Eychstätt vorgeladen.
Siehe Jungens Grundveste, des Kayserlichen Landge-
richts p. 152. num. 129.

Sancti Innocentes. Unschuldiger Kindleins-Tag ist der
28ste December, und A. 1379. auf einen Mittwoch einge-
fallen.

Dieser wohlbehaltene bischöflich-Eichstädtische
Confirmations-Brief, ist höher als breit, und enthält
54 Zeilen, welche mit sehr schwarzer Dinte geschrieben
sind. Die Worte bestehen aus vielen abbreviaturen,
und nicht selten sind die Buchstaben in einander gescho-
ben, welches das Manuscript sehr unleserlich macht.
Das oblonge bischöfliche Siegel præsentirt den Bischof
in pontificalibus, auf einem prächtigen Chor-Stuhl
sitzend, wie Er die rechte Hand zum seegnen erhe-
bet, mit der linken aber umfässet Er das Pedum. An
dem fondement des Stuhls, ist ein nach der Läng
abgetheilter Schild. In dem rechten Feld, siehet man
das Wappen des Bißtumbs Eichstädt, in dem linken,
einen senkrecht stehenden Rechen, welches das Wappen
der Schenken von Wilburgstetten ist. Rabno oder Ra-
banus, Schenk von Wilburgstetten, ist von Ao. 1365.
biß A. 1383. Bischof in Eychstätt gewesen. Siehe Fal-
kenstein Antiquitates Eystett. T. l. c. 47. Bey diesem
bischöflichen Siegel, ist a tergo ein rundes Siegel auf-
gedrucket.

gedrucket, vier Striche nach der Quer, daß sie in der
Mitte ein geschobenes Quadrat machen, in den Winkeln
von auſſen iſt die Figur mit 11 kleinen Creutzen be-
ſtreuet. In dem äuſſern Umkreiß lieſet man die Worte:
✝ S. heinr. Plebani in Ahuſen. Ahauſen, ein Eych-
ſtättiſches Dorf an der Altmühl, eine halbe Stund von
deſſen Amt Berngrieß. Hönns topogr. Lexicon p. 197.
Es iſt allerdings etwas ſeltenes, daß ein Decanus ruralis,
als Sigillifer Epiſcopi, ein Ruckſiegel gebrauchet hat.

§. II.

Das Kloſter zu Pillenreuth, richtet mit dem Rath zu Nürnberg einen Vertrag auf A. 1392. d. 5 Auguſti.

Die Bürger der Stadt Nürnberg, haben
die Aufnahm des Kloſters am meiſten befördert.
Doch, die Kloſterfrauen, vergaſſen der Wohl-
thaten gar bald, und gaben Anlaß zu verſchie-
denen Irrungen. Allen Beſchwerniſſen abzu-
helfen, wurde folgender Vertrag errichtet:

Wir Diemut Pröbſtin und der Convent ge-
mainlichen des Cloſters zu Pillenreut, zu unſer
frauen ſchiedung genandt, ſt. Auguſtini Ordens,
verjehen für uns und unſere nachkomen, offent-
lich mit diſem brief, allen den, die ihn ſehen oder
hören leſen, daß wir uns einmütiglichen, mit
wolbedachtem mute, mit gutem Rathe, und vor-
betrachtung unſers Capitels, durch unſers Clo-
ſters nutz und nottdurfft verainet und verbun-
den und verſtrickt haben, verainen, verſtricken
und verbinden in krafft diz briefs, gen den Er-
barn und Weiſen burgern des Raths der Stat
zu Nürnberg und allen iren nachkomen, alle
der Artikel und ſtück zu halten und volfüren,
fürbaß ewiglichen unzerbrochenlichen und un-
wider-

widerruflichen an alle gefehrde, die hernach ge-
schrieben stehen. Zum erstek, sollen wir vnd
alle vnsere nachkomen, in des Raths der Stat
zu Nürmberg versprech)nüß sein, vnd sollen vns
noch vnser leut, noch vnser gut, noch vnser
Priester, die bey vns sein, anderswo nindert
mehr verherren noch versprechen, noch keinen
andern herren noch Pfleger nicht nemen, dann
einen Pfleger, den vns derselb Rath zu Nürmberg
gibt, auch sollen fürbaß vnser nicht mehr Chor-
frauen sein, noch fürbaß werden, dann zwölf,
vnd ein Pröbstin, vnd soll auch fürbaß mehr
kaine zu kainer Chorfrauen genomen werden,
es sey dann vor aine oder mer an der Zal abgan-
gen, also daß wir fürbaß ewiglichen bey der-
selben Zal bleiben sollen, als wir an dem Anfang,
da wir den orden an vns namen, von vnserm
gnedigen Herrn vnd Vatter bischof Rabno von
Eystetten seligen, bestettigt worden sein. Wir
sollen auch fürbaß zu vns in dasselbig Closter
nicht mehr nemen, dann drey Nouitzen oder
drey kinde, vnd sollen auch fürbas keines mehr
weilen, oder zur chorfrauen nemen, es sey
dann an der vorgeschrieben Zall vnter den zwölf-
fen eine abgegangen, vnd wan der vorgenand-
ten Nouitzen oder kinde eins oder mehr abgien-
gen oder geweilet würden, so möchten wir allw
weg an ains jedlichen stätt, ein anders nemen,
also, daß der vorgenannten Novizen vnd kinde
nicht mehr sein sollen denn drey. Auch mügen
wir vnser Ehehalten in dem Closter vnd auf dem
hof haben; als vil wir der zu vnser notdurft
bedürffen vnd als das vor herkommen ist. Es
soll auch fürbaß das vorgenandndt vnser Closter

ewiglich

ewiglich nicht weitter noch grösser gemacht noch
eingefangen werden, denn es jetzt mit Mauren
vnd gräben begriffen ist. Wann wir auch
fürbaß ein Chorfrauen, ein Nouizen oder ein
Kind in vnser Closter nemen wollen, das sollen
wir allweg thun, mit vnsers Pflegers rathe
vnd wort, als daß vormals herkomen ist. Vnd
deß zu vrkund geben wir In disen brief versi-
gelt mit vnsern der obgenanndten Pröbstin vnd
des Conuents zu Pillenreut anhangenden In-
sigeln. Geben an Sant Oßwaldstag, nach
Christi geburt dreyzehenhundert Jare, in dem
zwey vnd neunzigisten jare.

Anmerkungen. DieserVertrag findet sich eingedru-
cket in Historia Norimb. Diplomatica. p. 490. Num.
252. und in Falckensteinii Cod. Dipl. Antiq. Nord.
p. 227. num. 189.

Oswaldstag ist der 5 Augusti, und dazumalen an
einem Mondtag gefallen.

§. 12.
Herrn Bischof Gabriels Verordnun-
gen, welche denen Pillenreuther Klosterfrauen
A. 1517. die Bartholomæi, zu befolgen,
insinuirt wurden.

Wir Gabriel von gottes gnaden bischoue
zu eystet. Empietn der wirdig'n vnd geistlichen
vnsern lieb'n andechtigen vnd getreüen Pröbstin
vnd Conuent vnsers closters zu Billenreut Sant
Augustins. ordens, das hayl in dem Herren.
Vnd dysen nachgeschribn gepoten gehorsamlich
zu leben. Vnd nachdem wir In kurz v'schinen
tagen, ein visitacion bey euch durch vnser v'ord-
net Rethe vnd anweld verpracht, habn wir auß

vntte-

vnterricht derselben etlich geprechn bey euch zu
sein vernumen, dy wir auß byschöfflichen ampt
In besserung bey euch zu wenden vns schuldig
erkennen, Vnd dy alten gegeb'n carten für
vns genumen vnd mit rate etlich' vnser gayst-
lich'n räte euch dyse newe Carthen gemacht,
In gutt' hoffnung zu gott dem almächtig'n.
dy sol euch zu der Sele hayl vnd zeytlichem gut
dinstlich sein. Vnd euch dy hymit zu schiken
dabey auß vnnserm bischöfflichen gewalt gepiet-
tenn das Ir in allen Nachgeschrieb'n stüken
euch vleyssiglich wöllet halten, als ir dann
durch ewr profession zu thun schuldig seyt, des
wir vnns gentzlich zu euch versehen wöllen. Da-
mit nit not werdt sein straff fürzunemen, volgt
hernach von dem dinst gottes.

Von dem dinst gottes das erst
Capitl.

So götlichs lobe on ende ist, darumb alle
creatur, besunder der mensch von got erschaffen
vnnd vnser seligmacher selbs in dem heiligen
ewangelio dy menschen ermant. das reich got-
tes erstlich zu suchen, auch vor augen vnd
glaublich ist, So an den enden der clöster göt-
licher dinst vnd lobe emsigclich vnd andechtig
gehalten vnd volpracht wirt, das der standt
zeitlicher gütter vnd notturft durch gottes hilff
dester glücklicher behüet vnd gemert würt.
Vnd denn dy clöster besunderlich zu lob got-
tes gestyft, auch ir euch dartzu durch die pro-
feß vnd annemen des heyligen ordens verpun-
den habt, wollen wir denselben götlichen dinst
zu gesetzten tagzeytten vnd stunden mit ernst-

C 3   lichem

lichem vleyß, nach ewrs closters alten herku-
men vnd löblicher gewonheyt vnd nach anzaygen
ewrs breviari vnd rubricken verpringen vnd
halten solt. auch so ettlich heyligen fest In
vnserm bystumb gehalten werden dy villeycht
in dem breviari ewrs ordens nit begriffen weren
dy solt ir vnd dy priester So bey euch seyen In
dem ampt der heiligen meß, nach außweysung
vnserer bischöfflichen Statuten auch halten.
dy Psalmen solt ir, nit mit eylen, sundern ge-
pürlichen pausen, nach ettlicher tage vnd fest
vntterschayd singen, vnd mit gantzen wortten
außprechen, wie löblich ist, vnd ir des bey vns
berümpt mügt werden. Damit aber ver-
seumpnus In dem dinst gottes verhüet müge
werden, So sol dy priorin alle sampstag, an
ain tafeln verzaichnen vnd schreyben laßen, was
dy nachuolgenden wochen gesungen vnd gehal-
ten werden soll. dy gesanck soll nur eine anfa-
hen, doch so, nach gewonheyt von zweyen das
allelujäh oder verß zu singen gepürt, das sol in
seinem vorigen wesen pleyben. Die Pröbstin
vnd in Jrem abwesen dy priorin, sol daran sein,
das dy schwestern mit Zucht vnd Ersamkeyt zu
kor steen vnd von kainer handtarbeit oder auß-
wendig geschefft wegen den kor versaumen.
Es were dann das ichts von ampts wegen on
schaden nicht möcht verzug haben oder ymant
auß kranckheyt vnnd plödigkeyt nicht kumen
möcht. So dy schwestern in kor geen Sullen
sy züchtiglich procession weyße geen, Laut der
statuten. So mann in dem Salve regina singt,
o clemens! sullen dy schwestern knyen pyß zu
ende der collecten. Dy wöchnerin soll den kor-

rock

rock anhaben, ſo Sy im kor dŋ collecten liſt.
Welch Schweſter in kor irrung macht oder
vnzucht vbet, dŋ ſoll darum geſtrafft werden.
Dŋ layen Schweſtern ſullen Jren ſtandt ha-
ben, als byßher gewonheit bey euch geweſen iſt.

Von der Pröbſtin das ander capitel.

Nachdem die Pröbſtin beede des cloſters
ſtenndt geiſtlichen vnd weltlichen verſehen vnd
regieren ſol, Vnd das nit on hilf geſchikter vnd
getrewer amptſchweſter ausrichten mag, wol-
len wir das dŋ gröſſern amt, als Priorin,
Schaffnerin, Cuſterin, portnerin vnd Sich-
meyſterin, mit verhörung der ſtŷm des ganntzen
Capitls vnd mit erwelung des merern teyls be-
ſetzt ſullen werden, alſo wo ſich eine der genann-
ten amptſchweſtern In irem ampt unordentlich
oder (das got verhüten wolle) ungetreulich hielt,
vnd ſolchs in warheyt erfunden würde, ſoll ir
vor dem Capitl fürgehalten vnd ſo ſŋ des vber-
wunden würd, durch erkänntnuß des merern
teyls geſtrafft vnd entſetzt vnd ein ander an Jre
ſtat gewelt werden. Sollicher maſſen ſol es auch
gehalten werden, ſo eine mit tod abgieng oder
auß kranckheit Jrem ampt nit mer vor möcht
ſein. Zu der Pröbſtin, Priorin vnd Schaff-
nerin ſullen zwu ander vernünfftiger Schweſtern
zu ratgebin, von dem Capitl erwelt, mit denen
die mitteln ſachen des cloſters ſullen gehandelt
werden vnd außgericht. Doch wöllen wir das
ſŋ kain gewalt haben ſullen, des kloſters ewige
Zinnß, rendt oder ligende gütter oder namhaf-
tige cleinat on vnſern oder vnſer nachkomen wyl-
len vnd wyſſenn In kein weyße zu verkauffen
oder

oder zu entfremden noch anderst damit zu han=
deln, dann sich nach ordnung geistlicher rechten
zu thun gepürt, auch wöllen wir das mit dem
Sigil vnd brieff außgeben vnd annemen, durch
dy Pröbstin, Priorin vnd Conuent lautt der
päpstlichen statuten, gehalten, vnd schwere sa=
chen, durch die Pröbstin nit on rat des Capitels
gehandelt werden, Dy Pröbstin soll im resent an
eynem besundern tisch sytzen, vnd dy schwestern
zu baydt seytten nach irer ordnung, als vormals
auch geordnet vnd pysher gehalten ist. Zu dem
tisch oder sunst soll man nit andere Pücher lesen
dan dy, so zugelassen auch zu geistlichen vnd tu=
gentlichem leben dienstlich seyen. Vnd damit alle
geistliche Zucht, dester stattlicher in gutem we=
sen bleybe, soll die Pröbstin, nach beuelch der
heyligen regel die vnruigen vnd leichtvertigen
straffen, dy clainmütigen trösten, die krancken
enthalten. Vnd wywol ir auch als die regel be=
uilcht, gepürt, das sy sich gedultigclich gegen
allen schwestern erzaige, vnd sy mit tugentlichen
wandel vnd beschaydenhait als eine Müter mer
durch lieb, denn mit Forcht in klösterlicher ord=
nung vnd leben behält vnd sich weder gunst noch
vngunst oder Zorn in der straff vberwinden lassen,
auch leichtuertige red vnd wort daraus kein frucht
des friends erwachsen mag sich zu vermeyden be=
vleyssen, soll doch ein völliche Schwester dy ein ge=
dultig sanftmütige muter haben wyll, betrach=
ten vnd gedenken, das sy sich als ein gütige
vnd gehorsame tochter dermassen halt vnd sich
gegen Got auch der pröbstin erzaig, das dy
pröbstin nit durch ungehorsam, vnordnung,
verachtung vnd nachreden der schwestern zu vn=

gedult

gedult geürſachet werde, wann dy heilig ſchrifft
ſagt, das auch der aller ſanftmütigſt Moyſes,
durch etlicher ſeiner vnterthänen freuentlichen
vbermüt: betrübt vnd vnpillich bekümert wardt,
darumb ſy dy erden lebendig verſchlungen. Vnd
ſy Got in ewige verdampniß geworffen hat.

Von der Priorin das dritte capitl.

Die Priorin ſol beſunderlichen in abweſen der
Pröbſtin groſſen vleys haben, das dy geiſtlich
Zucht, das Silencium vnd andere ordnung ge-
treulich gehalten werden. Vnd beſunder die
jungen vermahnen ſich zeitlich vnd emſigklich
zu dem kor vnd gotesdinſt ſchicken vnd fürdern
vnd ſich erſamlich gegen den eltern halten. Doch
ſüllen dy eltern in kor zu geen ir vermögen auch
nit ſparen, vnd ſich alſo tugentlichs wandels
vleyſſen damit dy Jungen ſy pillich erlich hal-
ten vnd ſich ab irem leben peſſern mügen. Vor
allen dingen ſol dy priorin gefliſſen ſein eynigkeyt
zwiſchen den Schweſtern vnd auch zwiſchen dem
Conuent vnd pröbſtin zu meren vnd fürdern,
allen zanck vnd vnwillen hinlegen, vnd beſunder
nachred, dy ein wurtzel der vneynigkeit iſt, außzu-
reutten. Vnd dy Schweſtern daran zu wey-
ſen, ſo eine etwas vnpillichs von der andern
merckt nach ler des heiligen ewangelii, dyſelben
allein gütlich ſtraffen oder, wo ſölichs nit helfen
wolt, vor zwayen oder hernach offenlich vmb ir
myßhandlung, damit es beſſert werde, zu ver-
manen. Vnd in ſölichem vnd andern, ſo zu
irem ampt vnd Zucht gehört, ſol ſy dy pröbſtin
hanthaben.

C 5   Von

Von der Schaffnerin das viert capitl.

Der Schaffnerin vnd andern, so den
Schwestern in zeitlicher vnd leyplicher nottürff-
ten lautt der heyligen regel sullen dienen, steet
zu, dasihenige so in Jrem beuelch ist, den
Schwestern (gunst vnd vngunst hindan gesetzt)
zu gelegener Zeit vnd nach-ordnung wy sich ge-
pürt gütigklich on Zorn zu raychen, oder wo sy
nit hetten, deßhalben guten beschayd geben, da-
mit murmeln vnd vneynigkeyt vermyten bleib.

Von der Portnerin und Clausur das fünfft Capitl.

Wir gepieten ernstlich, das dy clausur
strenglich gehalten werde, also das äusser thor
gegen den hof sol außwendig mit einem fürrey-
benden rigel versperrt sein. Vnd zu demsel-
ben schloß sol nymant kaine schlüssel haben, den
dy hofmeysterin, dy sol auffschliessen, so man
mylch vnd ander ding pringt, das man in das
rad nit sezen kan. Aber das ander thor sol in-
wendig allezeit verschlossen sein, mit zwayen
schlossen, dy ungleich schlüssel haben vnd zwo
schwestern, dy aus den Capitel frawen oder layen
schwestern, von dem merern tayl des Capitels
dortzu erwelt werden, sollen yde einen Schlüs-
sel haben vnd treulichen bewaren. vnd kaine sol
iren schlüssel der andern beuelchen, sunder selbs
auffschließen, sy were dann mit kranckheyt bela-
den, so sol derselbig schlüssel durch das Conuent
einer andern beuolchen werden, pyß zu ir ge-
sunthayt. Vnd so man getrayd, Wein, pier,
holtz, oder ander dergleichen ding in das Closter
füret oder tregt das durch layen personen zu ge-

schehen

ſchehen noth iſt: So ſoll doch ſollichs geſchehen,
wenn dy ſchweſtern nit zu weg ſein vnd dyſel-
ben layen, ſullen alspald ſolich arbeyt verpracht
iſt mit einander wyder aus dem cloſter geen vnd
kainer hinter dem andern geuerlichen pleyben,
bey der Pen des banns, auch ſo etlich arbeyt
In dem ſtadel zu thun iſt, ſoll der Peichtvatter
das äuſſer thor auffſchlieſſen vnd darnach zwo
Schweſtern das Innere thor, das auch zway
vnterſchiedliche Schloß haben ſol, dyſelben
Schweſtern ſullen ſich alldozüchtigelich halten,
alſo das nymant, ob inen geergert werde v. kei-
ne allein da oder an der porten ſein vnd ſo dy ar-
beyt geſchehen iſt, ſol yderman wyder an ſeine
ſtat geen.   Vnd dy ſchlos treulich beſchlüſſen
vnd dy ſchlüſſel der pröbſtin wyder vberantwur-
ten, auch ſullen an der thür die aus dem kor
auf den gangk get auch zway ſchlos mit vnglei-
chen ſchlüſſeln ſeyn.   Der einen dy Priorin,
den andern, dy Cuſterin haben mag dy ſich mit
auf vnd zu ſchlieſſen vnſtrefflich v. auffrichtig
halten ſullen.   So man des Cloſters gütter
verleycht oder ehehalten dingen will, ſol darumb
das cloſter nicht geöffnet, ſundern bey dem Red-
fenſter, oder durch den hofmayſter ausgericht
werden.   Vnd gepieten euch auch hiemit ernſt-
lich das ir zu keiner Zeyt, oder vmb was geſchefft
das wer kain Mannspild ſullet in die clauſur ein-
laſſen.   Es wär dann das dy nottdurft einer
Schweſter kranckheyt herayſchen, ſo möcht
man ein arzt einlaſſen mit guten auffſehen von
der pröbſtin oder ob not würd ſein, etwas in
der clauſur zu pawen laſſen, als öfen, fenſter
vnd anders, ſo geben Wir vmb der notturfft
willen

willen zu, das mann sölch arbayter einlasse vnd
dy Pröbstin mit sampt der ältesten Schwester
eine, oder wo die Pröbstin füglich nit möcht
thun, tzwu der eltesten Schwester bey sölcher
Arbayt sein vnd vleyssig auffsehen haben, das
ichts gehandelt werde darauß ergernis erwach-
ße. Wo auch zu zeytten ymant würde komen
sein tochter oder von seiner freunntschafft in das
closter zu thun, so geben wir euch zu, das ir,
dy mütter, Schwester oder ein nahette freuntin
mügt einlassen auf zwu oder zum maysten drey
persön auf ein mal weibspild das closter zu bese-
hen. nachdem ir weyt zu uns habt des erlaub-
nüß zu erlangen, doch das ir ewer gut auf-
sehen habt, wy sich dan gepüret, das alles wel-
let gutter meynung von vns versteen. Verhoffen
wir vmb Gott belonung zu erlangen vnd bey
Euch dancksagung beuinden werden.

Anmerkung. Pabst Bonifacins VIII. hat die Clau-
sur, zu Ende des 13 Jahrhunderts eingeführet. Die
Unordnungen, welche deswegen eingerissen, wolte das
Concilium Tridentinum abschaffen, und hat in der
Sess. 15. c. V. bey der straf des Banns befohlen, nie-
mand ohne des Bischofs oder der Pröbstin Erlaubniß
in das Kloster einzulassen; die Worte hievon sind diese:
Ingredi autem intra septa monasterii nemini liceat,
cuiuscunque conditionis, sexus vel aetatis fuerit, sine
Episcopi vel superioris Licentia in scripto obtenta, sub
excommunicationis poena. Die Erlaub-Formuln für
den Arzt, Beichtvatter, Arbeitsleute und andere, hat
Wagenseil in seiner disputation, de Monialibus, p. 44.
seqq. mitgetheilet.

Von der Siechmaysterin das sechst Capitl.

Die Pröbstin sol durch erwelung des me-
rern teyls des Capitels aus den Capitelfrawen,

ein

ein vleiffige, aufrichtige Schwester verordnen,
dy zu hilf ein layen schwester, vntter ir haben
sol, vnd bey den krancken geflissen sein, das ir
getreulichen gewardt werde, nach laut der sta-
tuten. Dy krancken Schwester sullen nach
vermügen des closters mit notturft irer zugehö-
rung mit speys vnd ertzney versehen werden.
So es not ist, sol mann ein gesunte Schwester
bestellen, dy mit den Siechen, dy heyligen tag-
zeit spreche. Dy Siechmaysterin sol darob-
seyn, das im Siechhaus kain leichtuertigkayt
geübet werde vnd dy gesunten aldo zu zeyten so es
nit gepürt daselbst nit zusammenlauffen v. dy ord-
nung verprechen oder bey nächtlicher weil vn-
nützer red halben aldo verharren.

Von dem Peychtvatter vnd dem Peychten, das sybennt Capitl.

So dy peycht zu ablegung der sündt vnd
vbertretung ist auf gesetzt wellen wir ernstlich,
das anders nichts zu solcher Zeit vnd der stat
werde außgericht. Der Peychtvatter soll von
kainer Schwester kain klag wyder dy andern an-
nemen. Wann aus solchem kain nuz, sunder
Im dem Peychtvatter vnd auch den Peycht-
kindern endtlich grosser Vnrath vnd gar nichtz
guts erwechst, deß wir auß täglicher erfarung
genugsam wyssen haben. Darumb so eine von der
andern vnpilliche Beschwerung vnd leyden irs
hertzen het, Sol sy, das nit durch den Peychtvat-
ter außrichten, sunder der, so ir vnpillichkait be-
wysen hat gütlich sagen vnd begern das sy sich vn-
pillicher bekümernuß erlassen wölle, wo sy davon
nit absteen wölt, so mag sy alsdan der Pröb-
stin

ſtin oder Priorin clagen, wann gar offt geſchicht,
das ein menſch etwas in argen von dem andern
an ſich zeücht vnd im darauß ein leyden macht,
das dem andern nye zu mut noch zu willen ge-
weſen iſt.

Von dem Rade vnd Reden daſelbſt
das Acht capitl.

Wenn etlich fremt perſon kumend vnd ir
freuntin vnd nunnen zu ſehen vnd mit Jnen zu
reden begeren, ſo es die Pröbſtin bedunkt, mit
glympf nit abzuſchlahen, mag es erlaubt wer-
den, eine halbe ſtunt oder auf das lengſt eine
gantze, vnnütze red zu vermeyden. Doch wel-
len wir das kainer ſchweſter vnter den tag zeyten
vnd meſſen an das red fenſter erlaubt werde, es
möchte denn von vnuermydlicher not wegen, nit
vermyden bleyben. Vnd ſo einer oder etlichen
an das fenſter zu reden erlaubt würd ſollen alda
vnnütze vnd all ergerliche red vnterlaſſen werden.
Vnd kaine ſol die handt durch das fenſter pieten.
Das fenſter ſol auch nit geöffnet werden, dann
ſo es dy Pröbſtin pillich vnd erlich bedünkt. Vor
allen dingen ſoll an dieſem ort, noch andersswo
weder dy Pröbſtin noch die Schweſtern gegen
außwendige Perſonen ſy ſeynd geiſtlich oder welt-
lich, von der ſchweſtern prechenlichkayten vnd des
cloſters haymilichen ſachen reden, vnd welche in
dyſem ſtüke verpricht, ſol darumb ernſtlich, ge-
ſtrafft oder nach gelegenhayt der myſſetat durch
erkenntnüß des Capitels auch in den kercker
werden geſetzt; kaine ſoll an dem fenſter allein
reden, ſunder in gegenwart der, dy ir zu be-
ſchalden iſt.

Anmer-

Anmerkung. Von dem Sprachgitter, wie sol-
ches beschaffen seyn sollte, und wie die Nonnen dabey
sich bezeugen müssen, ist zu lesen, was Wagenseil in
seiner Abhandlung de Monialibus p. 22 seqq. auf-
gezeichnet hat.

Von den claydern das neunt Capitel.

Als ewer Regel sagt, Solt ir nit in Klay-
dern wolluſt suchen, sunder mit guten Syt-
ten dem herrn Christo begeren wolzugefallen,
Demnach ist vnser beuelch das ir köstlichkeit vnd
zeytliche eytelkayt in ewren klaydern vnd schlay-
ren vermeydet vnd ewer clayder gleichförmig ge-
macht vnd on gunst yetlicher nach ziemlicher not-
turfft, lawt ewer regel werde mitgetaylet.

Anmerkung. Die Nonnen fanden auch grosses
Wohlgefallen, an prächtiger Kleydung, sonderlich von
seidenen Zeugen und Schleyern, an Haartouren, an
silbernen Haarnadeln; sie schafften sich Gürteln, mit
Seiden, Gold, oder Silber durchwürket, giengen in
hohen Sandalen; prangten mit Ohrengehencken, und
Armspangen; mit vielen Ringen an den Händen, wel-
ches alles das deutlichste Anzeigen gegeben, ob thäten sie
dieß alles nur sich schön zu bilden und denen Manns-
personen zu gefallen. Siehe Wagenseils Abhandlung,
de Monialibus, pagg. 13. 14. §. 32.

Von einnemen der Jungen vnd Novi-
zenmaysterin vnd Simoney zu vermeyden,
Das zehend capitl.

In annemen der Personen, so in den or-
den pitten, sol alle gestalt der Symoney ver-
myten werden v. gar kein geding vnd vorschä-
tzung in einicherley weg geschehen. Wan auß
dysem vbel große vermayligung vnd makel der
gaystlichkayt v. closterlewten würd zugezogen.
Doch, was söliche personen aus aygner naygung
vnbezwungen dem closter zu wenden vnd geben
wolten.

wolten, mag angenumen werden, vnd iſt von
den geſchriben rechten zugelaßen. Vnd aber al=
ler weyſen Meynung vnd beſchluß, das gar viel
daran gelegen iſt, So ein jung menſch recht vnd
wol aufgezogen wurdt. Beuelchen wir, das
dy Jungen nouitzen, einer tugentlichen vnd wol=
geordneten Schweſter beuolchen werden, dy
ſol ſy erſtlich vnterrichten zu reynigkait Irs
herzens, an der allein dy belonung der galſtlich=
kait ſteet. Darnach zu demütigkeit, dy der an=
dern tugenden behüetterin iſt, vnd zu andern gu=
ten ſytten vnd tugenden, vnd beſunder ſoll ſy
große acht haben auf dy Jungen das ſy nit ge=
wonen, nachreden vnd ſagen von den dy nit ent=
gegen ſein. Wann aus dem böſen laſter, aller
vnfrid, vnd vnrüe in den klöſtern erwechſt. Die
Mayſterin ſol auch dy Jungen dy regel vnd an=
der ordnung leren, wy ſy ſich zu kor, mit ſin=
gen vnd leßen halten ſöllen.

Von aygenſchaft zu vermeyden
das aylft Capitl.

Damit ir von dem reichen Got der armut,
ſo ir gelobt habt das ewig reych erlangen mügt,
wollen wir, das kain ſchweſter karnerley gab
von yemantz einnemen ſol ſunder dy Schaffne=
rin, oder ein ander wolgeachte Schweſter dy
dazu erwelt wird ſol dy gab oder Schankung
einnemen, vnd der Pröbſtin antwurtten vnd
anfgeſchriben werden. Dy ſol fürter verord=
nen, das ſollch gab, nit nach gunſt, noch ay=
genwillen, ſunder nach notturfft vngeuerlich den
ſchweſtern, ſo das ſpeys oder tranck iſt, wer=
de mitgetaylt. Dy Pröbſtin oder Priorin ſul=
len

ten auch zu Zeyten der Schwestern Zelln vnd
pettgewand besuchen, vnd nichtz versperrt dar-
inn lassen, wann auch dy Zellen vnuerspert sol-
ten sein, vnd so sy etwas von aygenschafft bey
ymant fünde dasselbig nemen vnd nach maß des
onrecht were dy schuldigen straffen, damyt dy
aygenschafft von euch gentzlichen werde auß-
gerewtt.

Von dem schweygen vnd reden vnd
cellen das zwölfft capitl.

Nachdem das geordnet sweygen oder silen-
cium, ein enthaltung der geystlikeyt, vnd nach
der weysen sag, dem weyblichen geschlecht vnd
besunder den Junkfrawen ein schöne zyrung ist,
wöllen wir das zu gesazten zeyten vnd steten das
schweygen strenglich gehalten werde, darob sol
dy Priorin ernstlich aufmerken vnd grossen vleyß
thun vnd haimlich zusamenkunfft (daraus mür-
meln, pöß zusamen verpinden, vnd streflich ge-
spilschafft kumpt) In kainen weg gestatten vnd
dye schuldigen darumb nit vngestrafft vnd vn-
vermant lassen, darumb wöllen wir auch das
kaine in der andern Zellen gee, noch darinnen
mit einander reden, wann das größlich ist wi-
der geystlichs leben. Dy Schwestern sullen auch
mit vleyß meyden zu den fenstern ausreden vnd se-
hen, vnd so euch mit einander zu reden erlaubt
würd, solt ir dennoch vnnütze vnd vergeben rede
vnterlassen. Wann sich auß viel reden sündt vnd
vrsach vnfrieds v. vnruhe begibt, darumb ist war
das der weyß gesagt hat, welcher mensch sei-
nen Mund vnd zungen bewart, der behüet sein
Sel vor angst vnd kümmernüß.

D　　　　　　Von

Von dem Capitl vnnd Capitl ſtymme
das dreyzehend Capitl.

Wann man das Capitl helt, ſollen dy layen
ſchweſtern am erſten ir ſchuld ſagen vnd ſo ſy
alle geſagt haben, ſollen Sy mit einander aus-
geen, darnach ſol es gleichermaß gehalten
werden mit den geweylten dy nit Capitl
frawen ſein vnd nachmals auch alſo mit
den Capitl frawen, darumb das ain yt-
liche auß einer andern püeß vnd ſtraff ge-
warnet vnd gepeſſert werde. Vnd wann der
grund aller geyſtlikeit auff warer Demütigkeyt
v. gehorſam ſtet, darum ſoll ſich kein Schweſter
Im Capitl oder auſſerhalb wider irer obrykeyt
geſchefft ſezen, oder freuentlich wyderſprechen,
noch ſich mit vnzüchtigen worten verſchulden,
Sunder ſich in aller Zucht gehorſamlich be-
weyſen, auch mer ſich gewenen zu beſchuldi-
gen, dann zu entſchuldigen. Vnd gedenken
des heyligen zwölffpoten wort der geſprochen
hat, So wir vns ſelbs vrteyln, werden wir
nit verurteylt von Got dem herrn deßhalben
ſullen dy Schweſtern ſtraff vnd diſciplin gedul-
tiglich tragen, damit ſy vor dem ſtrengen vr-
teyle gotes mit peſſer hoffnung erſcheinen mü-
gen, doch ſullen dy Pröbſtin vnd priorin ſtraf-
fen nach gelegenheyt der verwürken one gunſt
vnd vngunſt nit aus Zorn oder rachſal Sunder
allein darumb das dy vbel geſtrafft vnd dy geyſt-
likeyt werde hantgehabet. Vnd wy wol dy
obrykeyt betrachten ſol, menſchliche plödigkeyt
vnd darumb dy ſiechen ſchäfflein mer geneyget
ſeyn zu haylen dann für dy wölff zu werffen ye-
doch

doch so ein Schwester in den sitten strässlich
vnd kranck nit allein ir selbs sunder auch andern
ergernüß gäbe dy selb sol mit herter straff von
irem augen pösen willen gezogen werden.   Dy
Pröbstin sol auch dy priorin in straffung der ge-
prechen handthaben, vnd kainer wyder sy zu le-
gen, deßhalben wöllen wir, so einer schwester
pueß würd aufgesetzt, das dy andern nit alspald
für sy piten sullen, sunder Sy die pueß tragen
lassen, Jr selbs vnd andern zu pesserung, so
lang pyß dy pröbstin oder Priorin solche Pueß
abzuschaffen zeyt bedünkt.   So ir aber an-
derer sachen halb im capitel versamelt seit, sol
ytlicher stymm gütlich verhört werden vnd was
der merer teyl beschleust dabey sol es pleyben,
nach außweyßung der rechte. Doch sol kaine der
andern fürnehmen mit Zanck vnd frevel besset-
ten, noch zwo, oder mer durch einander reden,
sundern alles gehandelt werden, mit erberkayt.
Darzu ordnen vnd schaffen wir das dy Schwe-
stern söllen stym zu dem capitl haben dy als in
ewrem orden gewonheyt vnd bey ewch herku-
men ist, profeß vnd drey Jar vntter dem
schwartzen weyl gewesen sein.   So wollen
wir das keine der andern verweyß noch aufhebe,
was in den visitacion gehandelt ist oder würd
bey hoher straff. In andern sachen, dy geyst-
lichen standt vnd ewers gotzha. Ere vnd nutz
berüren weysen wir ewch zu ewer regel, statu-
ten vnd löblichen gewonheytten ewers orden
vnd wöllen, das dyse vnnser carthen alle quo-
tember durch dy Priorin oder ain ander Con-
uent schwester in gemeyner versamlung verle-
sen werde vnd vleyssigklichen gehalten, mit vor-

behaltung vns vnd vnsern nachkommen, Jn
solchem zu meren vnd zu myndern wy dy notturfft
herayschen würd, des zu vrkundt haben wir vn-
ser Secret hieran gehangen. beschehen auf vn-
serm Schloß Sant Wilbaltzperg anno Domini
als man zalt nach Christi vnsers lieben herren
gepurt, fünffzehen hundert vnd Jm Sieben-
tzehenden Jar. Montag Sant Bartholo-
meus tag des heyligen zwelfpoten.

Gabriel Episcopus Eysteten. sspt.

Anmerkung. Geweylt, die unter der schwar-
zen Weyl gewesen sind. Darunter werden mit einem
Wort verstanden diejenigen Closterfrauen, welche das
25te Jahr zuruck geleget und geweyhet sind, und den
Schleyer tragen. Nicht nur die Jungfrauen, sondern
auch die Witwen durften den Schleyer tragen, und be-
kamen den ersten, wann sie Profeß gethan, und der
war schwarz; vide Boehmeri Institut. Iuris Can, Eccl.
et Pontif. Lib. III. Tit. 34. §. 20. not. a. p. 436. Den
andern aber von dem Bischof, der sie geweyhet, die Or-
dens-Kleyder, den Ring, und Jungfrau-Cron behän-
diget hatte. Hospinianus de origine Monachatus Libr.
III. c. XIII. de consecratione seu velaminis impositione
Sanctimonialium, lässet sich p. 194. davon also verneh-
men: ut statim post vicesimum quintum ætatis annum
posset virgo quodlibet votum monasticum suscipere, et
a prælato consecrari. Diese Bedeckung des Haupts soll
ein Zeichen der Schamhaftigkeit, als einer vorzüglichen
Zierde des weiblichen Geschlechts gewesen seyn. Gen. 24,65.
Dieses velum ist bey der Nonnen ihrer Einkleydung
ebenfals in Gebrauch gekommen, weil sie ihre Keuschheit
GOtt geloben und Christi Bräute werden.

Dieses bischöfliche reglement, ist in groß Quart,
forma libellari, auf Pergament geschrieben und mit ei-
ner roth und weiß seidenen Schnur zusammen geheftet.
An dieser hänget eine hölzerne Capsel mit gelbem Wachs
-bedecket, in der Mitte mit rothem Wachs eingeleget.
Das aufgedruckte Siegel præsentirte das Portrait des
Bischofs

Bischofs stehend, mit den Pontificalibus angekleydet.
Die rechte Hand erhebte sich zum Seegnen, die linke hat
den Bischofsstab gehalten.   Vor sich hatte er einen qua-
drirten Schild stehen.   In dem ersten und vierten quar-
tier erschien das Wappen des Bistums Eychstädt; in
dem zweyten und dritten aber war das Eybische Wap-
pen mit den 3 Muscheln zu sehen.   In der Umschrifft
lieset man: Secretum Gabrielis episcopi eysteten. Die-
ser Gabriel von Eyb ist Iuris Vtr. D. gewesen, starb 1535
den 30 Novembris.   Sein Leben ist in Herrn von Fal-
kenstein Antiquitatibus Eystettens. T. II. c. LIII. p. 214.
nachzulesen.

§. 13.
Von der Person und Pflichten einer Pröbstin.

Die Pröbstin muste in einem Kloster Ca-
nonissarum Reg. Augustini, die fürnehmste
Person fürstellen.   Als eine geistliche Mutter
hat sie auf den Lebenswandel der übrigen Klo-
sterfrauen Obsicht zu tragen, und sie selbst mu-
ste einen tugendlichen Wandel führen, damit
die ihr anvertrauten Nonnen, ihr desto williger
den schuldigen respect und Gehorsam erwiesen.
Weil auf eine vernünftige Pröbstin vieles an-
gekommen und von ihr die Wohlfart des Klo-
sters guten Theils abhieng, so machten die Ge-
setze, die heylsamen Verordnungen, daß man
bey der Wahl, auf eine tugendhafte und
schon betagte Person sehen solte. Die, so Pröb-
stin werden wolte, muste schon 40 Jahr alt
seyn, und wenigstens acht Jahr zuruckgeleget
haben, daß sie in dem Kloster profess gethan
hatte. Concil. Trident. Sessione vigesima quarta
c. VII. Abbatissa et Priorissa, et quocunque alio
nomine præfecta, vel præposita appelletur,

eli-

eligatur non minor annis quadraginta et quæ
octo annis, poſt expreſſam profeſſionem lau-
dabiliter vixerit.

Die neu erwählte Pröbſtin zu Pillenreuth
muſte allezeit, von dem Biſchof zu Eychſtädt
confirmirt werden. Die Confirmation durfte
ſie, durch einen der Kloſter-Prieſter ſuchen laſ-
ſen, welcher ſich vor Ausgang eines Monats
zu Eychſtädt einfinden muſte. Der Biſchof
ſchickte entweder einen Commiſſarium oder ac-
creditirte einen der Kloſter-Capellane, die Con-
firmation zu vollziehen. Dem Commiſſario mu-
ſte die neu gewählte Pröbſtin, Zeugen und
Zeugniſſe vorführen und aufweiſen, von ihrer
unbeſcholtenen Geburt, und dann wurde ſie in
der Kloſter-Kyrchen beſtättiget und eingeſegnet.
Nach erhaltener Confirmation nahm die Pröb-
ſtin von ihrem Amt poſſeſs; nächſt der Prio-
rin und Schafnerin wurden ihr noch zwo ver-
ſtändige Frauen, als geheimde Räthinnen zu-
gegeben, mit welchen ſie alle wichtige Sachen
des Kloſters, in Ueberlegung nehmen muſte,
was aber nicht von dieſen kunte beygeleget und
entſchieden werden, hatte ſie mit dem ganzen
Convent gemein zu machen. Sie hatte ihr ei-
genes Siegel, und zu dem Sigill des Convents
den erſten Schlüſſel. Alle Thor-Schlüſſel,
muſten ihr bey anbrechendem Abend behändiget
werden. War irgendwo etwas zu bauen, ſo
ſolte ſie durch ihre Gegenwart allen Unordnun-
gen vorbeugen. Denen Fremden, welche mit ih-
ren Kindern, Freundinnen und Anverwandten an
dem Sprachgitter ſprechen wolten; dem Arzt;
dem Chirurgo, ſo in dem Kloſter nothwendige
Ver-

Verrichtungen hatten, muſte ſie die Freyheits-
Billet ertheilen. Die dem Kloſter zugefertigte
Geſchenke, wurden ihr von der Schafnerin
überantwortet, daß ſie darüber diſpoſition aus-
geſtellet. Des Jahrs etlichemalen muſte ſie
der Nonnen ihre Zellen und Bettgewandt viſiti-
ren, und den Abgang zeitlich beſorgen. In dem
Speiß-Saal iſt ſie an einem beſondern Tiſch,
allein geſeſſen, und auf die jungen Nonnen hatte
ſie ſonderlich gute Achtung zu geben, daß ſie kei-
ne Brief, an Perſonen auſſer dem Kloſter ge-
ſchrieben, daß ſie von Mannsperſonen, keine
Viſiten angenommen, nicht bey Abendzeit hin
und her gelaufen, ſondern gleich nach dem
completorio ſich in das Schlaf-Zimmer verfü-
gen möchten.

§. 14.
Wie die Wahl einer Pröpſtin veran-
ſtaltet und vollendet wurde.

Fügte ſichs, daß eine Pröpſtin zu Pillenreuth,
mit Tod abgegangen, ſo hatte der älteſte Klo-
ſter-Prieſter, den Todesfall zu Eichſtädt bey
dem ordinario und in Nürnberg bey dem Rath
anzuzeigen. Er muſte an beyden Orten bittlich
anhalten, einen Tag zu beſtimmen, auf wel-
chen mann, die Wahl einer neuen Pröpſtin
veranſtalten wolte. Hatten ſich beyde concur-
rirende Theile, wegen des Wahl-Tags ver-
glichen, ſo fanden ſich ihre delegati, auf be-
ſtimmte Zeit, in dem Kloſter ein, und wurde in
ihrer Gegenwart, von denen Convent-Schwe-
ſtern zur Wahl einer neuen Pröpſtin geſchritten.
Ao.1476. im Sept. wurden Hr. Carl Holz-
ſchuher, Hr. Gabriel Nützel und Hr. Peter Harß-

dörfer, aus des Raths Mitteln verordnet, sich
nach Pillenreuth zu verfügen, bey der Wahl einer
neuen Pröpstin zu seyn, und die Priores der Augu-
stiner und Prediger Münche zu sich zu nehmen.

Ao. 1510. Montag nach st. Egydientag, sind
zur Wahl einer Pröbstin nach Pillenreuth ab-
gefahren, Hr. Jakob Groland, Hr. Martin
Geuder, Hr. Georg Fürer, und diese haben
den Abt bey st. Egydien eingeladen.

Ao. 1548. als Frau Magdalena Kressin,
bißherige Pröpstin des Klosters Pillenreuth ver-
storben, so muste Hr. Hieronymus Schürstab
und Georg Franckmann Syndicus und Notarius,
unter einer Bedeckung von Reutern, dahin sich
verfügen, und das Kloster in Verwahrung
nehmen, biß, das Convent, die Dorothea
Sachßin, zu einer Pröbstin erwählet hatte.

Wie der ganze Wahl-actus gehalten wur-
de, können wir am besten aus der Beschreibung
erlernen, welche Herr Hannß Tucher, Pfle-
ger des Closters Pillenreuth, a. 1483. Don-
nerstag den 22 May fertigen ließ, als Frau
Juliana Zutschin, zur Würde einer Pröpstin
des Pillenreuther Klosters gediehen.

Zu erst ist Ain löblich Amt von dem Hailigen
gaist, vmb mittailung seiner göttlichen genaden,
gesungen vnd gehalten, vnd darauff das heilig
hochwirdig sacrament von yeder person die hat
sollen welen, andächtiglich empfangen worden.
Darnach sind die frawen, alle vom capittel, die da
stymm zu welen gehabt haben, außgenomen ayne,
die in der siech stuben gelegen ist, vnd kranckheit
halben in die versamlung der anndern frawen
nit hat komen mügen, In ainer stuben der
alt

alt rebenter genannt bey einander erschynen.
Denn hat der würdig vatter friederich strumer
Prior des Klosters Prediger-ordens in Nürn-
berg auf bet vnd beuelch herrn hannsen Pistoris
Professen des Klosters zu Langenzenn canoni-
corum regularium lancti Augustini, dißmals
der bemelten frawen peichtvatters, In seinem
auch des wirdigen Vatters Symon Lindners
professen des klosters Sant Augustins in Nürn-
berg, vnd auch der fürsichtigen, erbern vnd
weysen hern Rupprechten Hallers, hern Nic-
lausen des Grossen, des Elltern, hern hannßen
Tuchers, auch des Elltern, zu derselben zeyt
pflegers des bemelten klosters, aller des klay-
nern Ratts der obgenannten statt nürmberg,
Niclausen Grossen des Jüngern, Wilhelm
Hallers vnd hannsen Tuchers auch des Jün-
gern, burgere daselbst, ain kurze Red vnd ver-
mahnung gethan. Nachdem auff absterben,
Walburgen Volckhaymerin die Probstey offen
worden wer, gepürt sich auß Notdurfft ain
ander pröbstin vnnder vnd auß Ine zu erwelen.
Vnd so sie nun darumb also versamelt weren,
vnd wie wol dann den frawen die von dem ge-
mainen cappitel zu eynnemung der Wale vnd
stym eyner jeglichen verordnet werden. Vnn-
der anndern schweren würden, das sie die haym-
lichkeyt der wal vnd bestymung nymandt eröf-
nen wollen, biß die in dem gemainen cappitel ge-
offenbaret werden. So gedeuchte Ine doch
umb merers frids v. aynigkeit willen, besser
löblicher vnd nuzer seyn. Das die einnemerin
der Wale vnd bestymung dieselben nit alleyn
biß zu irer eröfnung, als vorsteet, sunder hin-

D 5   füro

füro Ir lebtag verschwiegen behielten, vnd nit
eröffneten.   Welch personen der andern Ir
stymm in der Wal gegeben hette, dardurch
möcht die gutwilligkeyt vnnder den Schwestern
bleiben, vnd vil gramschafft die aus sollicher
eröffnung vnzweiffenlich ersteen wird vnderku=
men werden etc.

Nachuolgend sind die vorbenannten manns=
personen all aus der gemelten stuben getretten.
Die obgedachten drey Gaystlich vatter mit sampt
einem notari in die alte kirchen, das capitlhauß
genant, gegangen, die vemelten frawen ein kur=
ze weyl bey einander in versamlung bliben, vnd
darnach alle versamentlich In das benannt Cap=
pittel hauß zu denselben vättern v. notari komen,
mit eröffnung, wie sie auß ihne drey Swe=
stern erwelt, vnd Inen gewalt gegeben hetten,
solche stym der wal von eyner yglichen welenden
Swester einzunemen, als sich nach ordnung vnd
satzung gepüret.

Darnach haben die frawen des cappittels
alle, nemlich Ir yede insunderheyt. Zu erst die
erwelten eynnemerin der wal vnd nachuolgend
die andern vor dem obgemelten herrn Hannßen
Pistoris knyende auch zulezt die in der siechstu=
ben sitzende. Vnd die heilligen ewangelia an=
rürende gesworn, als hernach volget, Ich swe=
ster N. professorin Swer vnd gelob dem all=
mechtigen Gott, der hochgelobten heilligen Jung=
frawen Maria vnd dem heilligen Vater Sancto
Augustino, die zu welen, die ich der kirchen in
geistlichen vnd werntlichen dingen, nutzer sein
werden, glawbe, vnd der dy stym nit zu geben,
die, als ich mich versehe mit gelübd oder gab ei=

niges

niges zeitlichs dings oder mit bete durch sich selbs
oder eine mittls person oder sunst in ainicherley
ander weys, für sich selbs, die wal gesucht het,
also helff mir Got vnd die schreyberl der vier
ewangelien.

Nachuolgend sind die frawen in cappitel
ausgetretten vnd allein die drey eynnemerin der
wal da innen belieben, der Jede hat insunder-
heit geschworen, als hernach uolgt. Nachdem
ich Swester N. professorin zu der einer die die
wal vnd stym einemen sollen angesehen bin, also
Swer vnd gelobe ich, das ich mit samt den an-
dern zu mir geordneten, die wal vnd stym der
die do weln vnnd nennen werden nach vermügen
vnd verstentnus getrewlich erforschen vnd in
schrifften vor einem notari vnd gezeugen, thun
angeben, vnd die heymlichkeyt der wal vnd be-
stymung nymand eröffen will, biß die in dem ge-
meynen Cappitel geoffenbaret wirt, das ich auch
weder mit worten, werken oder zeichen, ny-
mant anlayten will einiche ander zu nemen oder
zu erwelen, dann die dieße auß aygen gewissen
nennen will, nach lawt vnd Innhalt des aydes
durch sie deßhalb getan, ich will auch kayn an-
der wal, in dem gemainen cappitel tun dann von
der die von dem gantzen capitel oder den merern
vnd bessern teyl des Cappittels, in der wal benennt
würt geuerd vnd arglist außgeflossen. also helff
mir Got vnd die schreyber der ewangelien.

Auf das haben Ir zwu der einemerin sol-
licher wal die dritten, Erstlich v. darnach die-
selben drey, die andern des Capitels auch die in
der siechstuben nemlich yede sunderlich in Abwe-
sen der anndern besworn, wie hernach uolgt,
vnd

vnd darauf Jr wal vnd ſtym eingenommen.
Wir beſchweren euch bey dem Vater vnd dem
Sun vnd bey dem heiligen Geyſt vnnd bey der
verlichkeit ewr Seel, das Jr nach Gotes wil-
len vnd ewrem gewiſſen vnd auf den ayd ſo
Jr getan habt ewer ſtym der gebet, oder die
nennet, die ir gelawbet oder achtet, der kir-
chen vnd dem Cloſter nutzer vnd mer tüglicher
ſeyn. Vnd als nun die wal vnd ſtym ir aller vnd
jeglicher von den vorgemelten eynemerin em-
pfangen vnd aufgeſchriben worden ſind, alſo
haben ſie ſolliche wal vnd Stym den Sweſtern
an der vorbenannten Stat cappittelsweyß ver-
ſamlet thun öffnen.

Darnach ſind die obgenannten herrn des
rats v. burgere zu Nürnberg auch an das vor-
genañt ennde eruordert worden. Jn derſelben
beyweſen, auch in gegenwärttigkeit der obgemel-
ten würdigen vätter vnd eynes offen notarij hat
der vilgenannt herr hanns Piſtoris, auß be-
uelch der oftgedachten eynemmerin der wal vnd
des merern teils deſſelben capitels Jn ſchrifften
eröffnet zu erſt in lateyn, vnnd alßbald darauf
zu teutſch in der weys: Jn dem Namen des
Vaters vnd des Suns vnd des heilligen geyſts
amen. Nachdem diß Cloſter pillenrewt durch
abſterben der geiſtlichen Frauen, Frauen Wal-
purgen Volckheymerin, einer Pröbſtin man-
gelt ꝛc. alſo auff beruffung der Jenen die dazu
ze beruffen geweſt ſind, auch in beyweſen der
Jhenen die gewollt haben vnd dabey haben ſol-
len ſeyn, hat menniglichen gefallen, durch die
form der wal, dem ledigen cloſter fürſehung
zu thun. Demnach ſind von dieſem capitel
alaub-

glaubwürdig eynemerin der wal erwelet, vnd
alle wal vnd bestymung nach form vnd weyß
der gemaynen concili erforschet vnd dieselbe wal
nach vleyßiger anschawung eröffnet worden.
Also ist erfunden das der merer tail der ge-
weyelten vnd capittel Schwester die dann in
sollicher wal stym haben, gewilliget hat in frawen
Juliana Zutschin, ein weyb fürsichtig vnd be-
schaiden löblicher Sytten v. lebens, In tap-
pfern alter, von guten lewten vnd in eelichen
wesen geporen, vnd auch in geystlichen vnd
zeytlichen dingen clug v. weyß vnd sunst tüg-
lich vnd geschikt, darumb ich bruder Johann
von diesem Capitel sunderlich darzu verordnet,
von willen, vergünstigung vnd gebot der vor-
genannten eynemerin der wal vnd des Innern
teils des capittels mit anruffung der Gnad des
heiligen Geysts zu Eren dem allmächtigen Got,
der hochwürdigsten Junckfrawen Marie vnnd
vnsern Vatter sant Augustin vnnd dem ganzen
himlischen heer. So erwele ich die würdigen
frawen Juliana Zutschin in der wal also, wie
vorsteet, bestymet, vnd ich verkünde sie also er-
welet, In den Namen Gotes durch die schrift
zu einer Pröbstin diß Closters Pillenrewt, in
dem namen des Vaters vnd des Suns vnd des
heiligen geysts Amen.

Auf das haben die frawen des Capitels die
benannten frawen Juliana Zutschin, durch den
vorgenannten herrn Johannsen Pistoris ersu-
chet vnd gebetten in solliche erwelung an ihr ge-
schehen zu verwilligen.

Also wiewol dieselb fraw Juliana solliche
wal anzunemen sich mit vil ersamen worten auf
mere

meynung dazu nit tüglich zu sein, gewidert hat,
Yedoch auff verrer vleyßig ersuchen vnd bitte an
sie beschehen, hat sie sich dareyn begeben vnnd
den vilbenannten herrn hanßen Pistoris vnd den
Swestern des Cappitels vnnder anndernn auff
die Meynung geantwurtet. Ich ways mich
des stannds der Obrikait vnwürdig vnd den zu
verwesen vntüglich, aber ich bin ain dienerinn
des herrn, mir gescheh nach ewren wortten.

Darauff haben die frawen des Capittels
die offtgemelten frawen Julianam in den Chor
gefürt, für den Altar gelegt, Te deum lau-
damus gesungen vnnd sie also eyngesetzet.

Als vnser gnediger Herr von Eystet vmb
bestettigung vnd confirmation der wal, als fraw
Juliana Zutschin erwelt worden was, ersucht
ward, hat er ain ladung vnd proclama laßen
ausgeen, das ist zu Pillenrewt verkundet wor-
den auff Sonntag sant margaretentag vnd der
tag bestimbt gen pillenrewt in die kirchen auf
Mittwoch darnach zu der zwelfsten hore, als-
dann vor seinem Comissary, so er darzu schicken
werd zu erscheinen vnd die confirmation vnd be-
stettigung zu vollbringen.

Darnach auff den yetzgenannten mittwochen
zu der zwelfften hore in der eusern Kirchen zu
Pillenrewt, ist komen vnd erschynen der Ta-
bellion von eystet vnd hat ain bevelche vnd
Comission auf herrnn Johann Pistoris Cappel-
lan zu Pillenrewth von vnserm herrn von Eystett
bracht, das derselb comissari die confirmacion,
vnd bestettigung außricht vnd vollfüre, darauff
ist des conuents anwalt vnd Sindicus vor dem
Commissari vnd Tabellion erschynen, hat die
wale

wale, ladung vnd artikel oder libell fürbracht ꝛc.
vnd die wale zu beſtetten begert , auch zwen
Zeugen der eelichen Gepurt halben der genann-
ten frawen Juliana geſtelt , mit namen die Er-
ſamen Jacob Gartner vnd Hannßen Marſtal-
ler vnd rechtlich fürbracht vnd nach verhörung
Jrer ſage vnd anderer rechtlichen handlung die
man darin pflegt ze halten , iſt erkannt worden
das die wale ſolt beſtett werden, doch das die
fraw Juliana das Jurament vnd Ayd tun ſollt,
alſo iſt die fraw Juliana mit ſampt dem gan-
tzen Conuent vnd anndern Sweſtern herab in
die kirchen gangen vnd hat vor dem hohen Al-
tar knyend auf das hailig ewangeli das Jura-
ment vnd eyde getan v. geſchworn alſo lawten-
de. Ich ſweſter Juliana Ein erwelte Pröbſtin
des cloſters vnnſer lieben frawen marie zu
Pillnrewt Sannt Auguſtins ordens geiſtlicher
korfrawen ſwer das ich hinfür getrew vnd ge-
horſam will ſein dem hochwürdigen in Chriſto,
Vater vnd herrn herrn Wilhelmen biſchof zu
eyſtett meinem gnedigen herrn vnd allen ſeinen
nachkomen rechtiglich erwelt, ſeyn gepott, heiſ-
ſung vnd ordinirung wirdiglich aufnemen vnd
in dem allen gehorſam ſein, geiſtliche obſeruanz
dieſes ordens ſannt Auguſtin, nach gebung der
heilligen veter als die regeln ſtatut vnd karten
veſtiglich vnd warlich halten , vnd darob ſein ,
das die von allen ſweſtern gehalten werden, lie-
gende gütter, lehent, oder ander gütter, die
do gehören zu dieſem cloſter on rat meines
vorgenannten hochwürdigen herrn nicht em-
pfrembden oder verkaufen will , alſo helf mir
Got vnd dieſe heilige gotes ewangelia.

Dar-

Darauf hat der commiſſari die frawen vnd
wale beſtettiget vnd ſie mit aynem Daumen,
ring Inveſtirt, vnd poſſeß damit gegeben, alſo
hat ſie der Conuent mit proceſſion vnd geſang
wider hinauf an kore geſürt nach irer gewon,
hait, vnd vor dem Altar iſt die benant fraw
Iuliana auff einen Seſſel geſeſſen vnd ſind alle
Cloſterfrawen vnd layenſchweſter eine nach
der andern alda für ſie kumen vnd knyend Ir
korſam gelobt, darnach iſt die benannte fraw
Pröbſtin in die Capelle der Clauſen auch auf
ein ſeſſel geſeſſen, alda haben ir die Püſſerin
vnnd die andern ſweſtern auch korſam gelobet
nach irer form vnd gewonhait, alles in beywe,
ſen des comiſſariers v. pflegers herrn hannßen
Tuchers des elltern etc.

Anmerkung. Tabellion heiſt hier ſo viel, als
ein Notarius Publicus oder biſchöflicher Canzley,Rath,
der von der Regierung abgeſchicket wurde.

Wilhelm, von Reichenau ſtarb 1496. iſt a. 1468
zum Biſtum gelanget.

Daumen ring. Die Biſchöfe und andere für,
nehme geiſtliche Perſonen wurden per annulum et
baculum inueſtiret. Die Aebtißinen rc. per annulum
et librum. Hier auch die Pröbſtin mit einem Dau,
menring, zum Zeichen, daß Sie ſponſa eccleſiae wär,
ſolchen Ring muſten Sie an dem rechten Daumen,
finger tragen, dem Daumen wird vor andern Fin,
gern ein vorzüglicher Anſehen beygeleget, und derſel,
be als ein Sinnbild der Treu und Redlichkeit ge,
halten. Vermutlich iſt auf dieſem Daumenring,
der Pröpſtin ihr Secret Siegel, eingegraben ge,
weſen.

§. 15.

§. 15.
Verzeichnis der Pröpstinnen des Klosters Pillenreuth.

1. **Diemut Ammonin**, soll eine Bauern-tochter, aus dem benachbarten Herpersdorf gewesen seyn. Ist im Amt gestanden von 1378 biß 1406. lieget unter einem grossen Stein bey dem Hoch-Altar begraben.

2. **Barbara von Haßlach**, eine adeliche; suc-cedirte nach Bruschii Angeben. 1406. in vigilia Sti. Egydii. Diese hatte die Kloster-Kyrche, das Refectorium und das Schlaf-Zimmer neu erbauet. Herr Hiltpolt Kreß (Herr Müller in seinen Annalibus nennet ihn Groß) hat darzu 600 Gulden rheinisch verehret. Zur Zeit ihrer Praepositur, ließ sich a. 1409 Frau Beatrix von Haideck, Herrn Friederichs von Haideck Ge-mahlin, mit Verwilligung ihres Bruders Herrn Johannis, Bischofs zu Eychstädt, in die Kloster-Kyrche begraben. Diese Pröpstin ist a. 1426. mit Tod abgegangen.

3. **Christina Nordweinln**, eine adeliche aus Nürnberg. Wurde A. 1426. am nächsten Tag nach Christi Himmelfarth, zu einer Pröpstin er-wählet. Wegen der kriegerischen Läuften hat sie sich auf eine Zeit lang nach Nürnberg re-riret, dann 1439. sich abgefordert, und im Kloster biß an ihren Tod, der a. 1448. erfolget, als eine Convent Schwester verblieben.

4. **Dorothea Hetzelsdörferin** eine Adeliche. Bruschius hat sie in seiner Verzeichnus angese-tzet, aber in den Kloster-Urkunden ist nicht das mindeste zu finden. Ihr Tod wird von Bru-schio auf den 1. Ian. 1443. angegeben.

E　　　　5. Bar-

5. Barbara Kreßin, eine adeliche aus Nürnberg, wurde a. 1443 den 8ten Ianuarii, die Erhardi zur Pröpstin erwählet. Sie ist mit ihrem ganzen Convent, in dem alten Marggräflichen Krieg, nach Nürnberg geflüchtet. Die Biedermännischen Tabellen CCLXXII. sagen, sie hätte 1461 resignirt, sey 1473 den 5 Februarii gestorben und liege in der Kloster-Kyrchen begraben. Diese Kreßin war ein verständiges Frauenzimmer, und zu Rom in gutem Ansehen. Ihre Aeltern haben mit ihrem Dote, viel nüzlichen Haußrath, mit in das Kloster gegeben, die Freunde aber dem Conuent viel Wolthaten zugewendet.

6. Anna Ebin, erwählt a. 1461. soll von Bayreuth gewesen seyn. Ein altes Gerichts-Buch, welches zu ihren Zeiten angefangen wurde, heisset sie, Anna Eybinn. Sie war in dem Schreiben wohl erfahren. Alters wegen, hat sie sich vom Amte gefordert a. 1476, und ist a. 1485. gestorben.

7. Walburg Volkamerin, eine Adeliche aus Nürnberg. Herrn Stefan Volkamers und der Walburg Kreßin Tochter. Sie wurde Pröpstin a. 1476 und legte den schönen und weitläuftigen Kloster-Garten an, starb a. 1483 und liegt in der Kloster-Kyrchen beerdiget.

8. Juliana Zutschin, erwehlt zur Pröbstin a. 1483. ♃ den 22 May und ☿ den 16 Iulii confirmirt. Siehe §. 14. p. 56. seqq. Ist vermutlich aus Nürnberg gewesen, weil sie von dorther Zeugen der ehelichen Geburt aufgefordert und gestellet hatte. In denen bayrischen Troublen, ist sie

sie nach Nürnberg gewichen. Resignirt 1493. stirbt 1500. in die Conuersionis Pauli.

9. Anna Schlüßelfelderin. Herrn Sebald Schlüßelfelders und der Anna Schnödln, Tochter, wird zu einer Pröpstin gewählet, a. 1493. baute den Creutz-Gang und andere Hof-Gebäude. Starb 1510. die Cyriaci. Sie muste, mit 20 Schwestern, a. 1505 wegen der besorglichen Läuften nach Nürnberg ziehen.

10. Helena Schlüßelfelderin, der vorigen leibliche Schwester, succedirte derselben in der Praepositur, a. 1510, verschied a. 1515 die Vrbani den 25 May.

11. Veronica Schaertin, von Sulzbach. In der Bauren-Aufruhr, verfügte sie sich nach Nürnberg und verweylete daselbst zwey Monath lang. Forderte sich a. 1533 ab, und sammlete sich zu ihren vorgegangenen Amts-schwestern a. 1535. ☽ nach der 3 Könige Tag.

12. Magdalena Kreßin, Herrn Anton Kreßens und Catharina Löffelholzin Tochter, gebohren 1479. kam ins Kloster Pillenreuth a. 1500, wurde Pröpstin 1533. verschied a. 1548. hat in den schmalkaldischen Kriegs-Unruhen von denen Kayserlichen Trouppen, viel Ungemach aussstehen müssen.

13. Dorothea Säxin, von Nürnberg, aus dem Geschlecht derjenigen Saxen, welche eine umgekehrte Lilie in dem Wappen führen. Als a. 1552 Marggraf Albrecht das Kloster abgebrennt, ist sie mit ihrem Conuent, bey denen Clarissinerinnen zu Nürnberg eingezogen

Nach dieser wird keiner Pröpstin mehr erwehnet; sondern diejenigen Frauen, welche an

F 2　　　das

das Regiment gekommen, nennete man Schaf=
nerinnen. Diesen Namen führten: Frau Mag=
dalena Schürstabin, Magdalena Füttererin,
Frau Agatha Steurerin, welche Bischof Mar=
tin zu Eichstädt confirmirte 1573. den 27. Iunñ.
Diese ist a. 1581. m. Febr. noch am Leben gewe=
sen. Siehe §. 41. Frau Margaretha Burck=
hardin, die lezte Schafnerin des Conuents, war
schon im vorbesagten 1581sten Jahr den 1 Maii
am Amt, wie aus einem, an sie erlassenen
Schreiben erhellet, §. 12.

§. 16.
Von denen Amts=Verrichtungen
der Priorin.

Die Priorin ist nach der Pröpstin, die vor=
derste derer Amts=Frauen gewesen. Sie war
die erste Beysitzerin, des Kloster=Raths. Ihr
ist einer der Schlüssel zum Conuents=Siegel an=
vertrauet gewesen. Sie trug Aufsicht über die
Liturgie. Hatten die Kloster=Frauen Klagen
vorzubringen, so geschahe es bey ihr, als der
ersten Instanz. Denen Nouizen solte Sie selbst
Unterricht geben, oder dieselben, an eine tugend=
hafte Conuent=Schwester verweisen. Wie
die Priorinnen auf einander gefolget, kan man
nicht sagen, weil alle Urkunden und öffentliche
Verläße, in dem Namen der Pröpstin gefer=
tiget wurden. Dermahlen können wir nicht mehr
namhaft machen, als Catharina Ludwigin und
Magdalena Purkhardin. 1581.

§. 17.
Von dem Nouitiat, und Nouitiis.

Hatte sich eine junge Frauens=Person, von
16 Jahren entschlossen, das Kloster=Leben zu
erwäh=

erwählen, so muste sie bey des Klosters Noviz-
Meisterin, das Prob-Jahr antretten. Bin-
nen dieser Zeit erwieß man ihr allerley Drang-
saale, sie in der Gedult zu üben, und zu sehen,
ob sie das strenge Kloster-Leben gewohnen
könnte? Die Noviz-Meisterin unterwieß ihre
Schülerinnen, im Lesen, Schreiben und Singen,
in den Satzungen und Gebräuchen der Kyrchen,
und brachte denselben bey, wie man durch stren-
ges Leben, Gott den Himmel abverdienen mü-
ste. So lange eine solche Novitia in dem Prob-
Jahr stunde, musten die Eltern oder andre
Freunde, für Kost und Kleydung sorgen. Doch
genoßen sie, bey Vorbehaltung ihres Eigen-
thums über ihr Vermögen, alle Rechte, so
andern geistlichen Personen zugekommen sind.
Ja wann es Ihnen in dem Kloster nicht gefal-
len wolte, so stund es Ihnen frey, dasselbige
wieder zu verlassen. Siehe Fleischers Einlei-
tung zum geistlichen Recht Lib. I. das XIX.
Hauptstück, §. 16. §. 17. §. 18. Vermög des
Vertrags, welchen das Kloster Pillenreuth,
mit dem Rath zu Nürnberg, als ihrem Landes-
und Schutz-Herrn a. 1392. aufgerichtet, soll-
ten in dem Kloster nicht mehr als 3 Novizen an-
zutreffen seyn, welche successive, nach Absterben
der Frauen, in das Convent tretten kunten.
Siehe §. 11. Allein dieses wurde nicht gehal-
ten, sondern immer dawider gehandelt, weil
die Einnahm solcher Kinder, beständig eine gu-
te Gelegenheit gegeben, Geld und Güter an
das Kloster zu ziehen. §. 12. das zehende
Capitel.

§. 18.
Von dem Profeß, und wie es dabey gehalten wurde.

War das Prob-Jahr zu Ende gegangen, so muste sich die Kloster-Competentin, bey dem Convent melden, und um die Aufnahm bitten. Man bestimmte ihr einen Tag, an welchem sie vor dem Bischof oder dessen Vicario und dem versammleten Convent erscheinen muste. Sie wurde befraget: ob sie es auch genugsam überleget hätte, daß sie den Eintritt in das Kloster verlange? ob sie zu diesem Entschluß nicht von denen Ihrigen wäre gezwungen worden? Concil. Trid. Sessione 25. c. 17. Hatte die Nouitia, diese und noch andere vorgelegte Fragen beantwortet, die Heimsteuer dem Kloster erleget oder an liegenden Güttern angewiesen, darzu solenniter versprochen, die 3 Gelübde zu praestiren, und Zeit Lebens in dem geistlichen Stand zu verbleiben, alsdann wurde sie geweyhet, und in den Ordens-Habit gekleydet, und ihr mit denen andern Convents-Schwestern Gemeinschaft gegeben. Wie es gehalten wurde, wenn eine Frauens-Person zu Pillenreuth, Gehorsam gethan, können wir nicht besser beschreiben, als wann wir, das Reglement, welches sich in des Klosters Urkunden vorfindet, selbsten mittheilen.

Ordnung, wie manns helt, wañ eine gehorsam tut.

Wenn man die tag meß leut, so schol der Schulmeister mit den schulern gesammet sten, vor dem tor des Closters vnd als man die praut hin auß fürt zu dem tor, So heben die Schuler

an zu singen das respons: Surge virgo vnd da-
mit führt man die praut in die kyrchen.

Und wen das respons außgesungen ist, So
pet die praut mit dem Priester der die Meß singt,
das Confiteor, vnd darnach hebt man die Meß an.

Und nach der Predig, wenn die Korfrawen
herab sein gangen vnd steen in proceßweiß, So
hebt der Cantor an zu singen, veni sancte Spiri-
tus vnd singen das gantz auß.

Darnach legt man Ir für das geistlich vnd
werntlich cleid, vnd wenn man Ir die werntlich
cleider abezeucht so hebt der Cantor an, veni
creator, den schuln sie langsam singen.

Nachdem spricht der Priester die verß:
Salvam fac famulam tuam domine, darauf ant-
wurten die schuler Deus meus, sperantem
in Te. Mitte ei domine auxilium de sancto,
Et de syon tuere eum. Nichil proficiat inimi-
cus in eo, Et filius iniquitatis non apponat no-
cere ei, Esto ei Domine turris fortitudinis, A facie
inimici. Domine exaudi! Dominus uobiscum.

Darnach schneit ir der Priester das hor ab,
vnd nachdem spricht sie dreinstimmend den verß:
Suscipe me domine, darauf peten die Priester
dreinstimmend. Suscepimus Deus misericor-
diam tuam Gloria Patri &c.

Darnach legt sich die Praut an die veni vnd
die Priester mit sampt den Schulern peten dieße
Psalm: Psalm magnus Dominus. Ps. miserere
mei deus secundum. Ps. Ecce quam bonum.

Darnach singen der Korfrawen zwu, die Le-
tanei, vnd darauf singt der Priester die præfacion.

Nachdem gelobt sie gehorsam vnd prosternirt
darnach wieder an die venig vnd der Priester
E 4   spricht

spricht über sie den verß: Confirma hoc Deus
quod operatus es in nobis, a templo sancto
tuo quod est in Ierusalem Conuertere Domine
usquequo et deprecabilis esto super famulam
tuam.   Dominus uobiscum.

Darnach reucht vnd weycht sie der Prie-
ster, vnd weil sie noch an der veni liegt, spricht
er über sie, die Worte: mortua es.

Wann sie von der venig aufgestanden ist,
so setzt man ihr das crönlein auf vnd der Prie-
ster singt: veni sponsa, piß auf quam tibi, das
singen die Schuler vollent aus.

Darnach opfern sie ir freünt auf den altar
vnd wenn sie auf dem altar sitzt, so hebt man an
zu singen, den verß veni sancte. das singt man
ein mal aus vnd die korfrawen heben sie wieder
von dem altar vnd füren sie zu der Sydeln.

Darnach tregt man das Sacrament her-
aus, vnter des hebt man an zu singen Cantum
ergo. vers Genitori. nachdem gibt ir die pröp-
stin die gemeinschafft. darauf spricht der Prie-
ster, die worte Si consurrexisti vnd darnach
hebt die Praut an Regnum mundi, das singen
die Schuler vollend aus, vnter dem so gen die
frawen wieder in iren kor.

Anmerkungen. Haar abschneiden, den geistlichen
Personen, bedeutet, daß sie sich aller weltlichen Sor-
gen entschlagen sollen.

An den venig prosterniren: bey der feyerlichen
Einkleydung einer Nonne und profeß ablegen, wird
bey dem Altar ein Teppich aufgebreitet, dahin führet
man die angehende Nonne, und muß sie sich darauf le-
gen, daß sie die beyden Armen aus einander schläget
und die Form eines Creuzes vorstellet. Hat der Prie-
ster die Gebete über sie gesprochen, dann giebt er ihr
den Schleyer; Hospinianus de orig. Monachatus Libr.
III.

III. c. XIII. p. 194. adducebatur ad altare, folemni con-
ventu. accenſisque candelis, cui tum ſacerdos ante veli
impoſitionem dicebat, aſpice filia et intuere et obli-
viſcere populum tuum et domum patris tui, ut con-
cupiſcat Rex decorem tuum, ad quæ verba ſimul te-
gebatur velo, tanquam caſtitatis et verecundiae teſti-
monio, et omnis populus acclamabat, amen.

Krönlein. Dieſen Kranz muſten die Nonnen, un-
ter Abſingung geiſtlicher Geſänge, von Blumen machen.
Siehe Caſalium, de ſacris Chriſtianorum Ritibus. p.
334. ſeqq.

Sydeln. Siebe, ein Sitz, ein Lehnſtuhl oder Bank.
Haltauſii gloſſ.Germ. medii ævi. p.1687. Siebel, ſedile,
eine Bank, Ruſticanus termin. Interpres ſub hac voce.

§. 19.

Ohne des Raths zu Nürnberg Vorwiſ-
ſen, durfte keine Convent- und Layen-
Schweſter ins Kloſter aufge-
nommen werden.

Die Einnahm einer Frauens-Perſon in das
Kloſter, iſt ein actus iurisdictionis, darum muſte
die Einwilligung dazu, auch nothwendig bey dem
Rath zu Nürnberg geſuchet und ausgebracht
werden. Von dieſer des Nürnbergiſchen Raths
erforderlichen Einwilligung, können die merk-
würdigſten præiudicia angegeben werden, daß
ſich zum deutlichſten ergiebet: weder Chor-
frauen noch Layenſchweſtern durften ſonder Ein-
willigung der Nürnbergiſchen Landes-Schutz-
und Schirmherrſchafft angenommen werden.

A. Von Chorfrauen.

1. Der Biſchof zu Eichſtädt hat a. 1442.
an die Pröpſtin und Convent zu Pillenreuth
geſchrieben, daß ſie auf ſeine erſte Bitte, Ca-
tharina Kautſchin, Hannß Kautſchens von

E 5 Culm-

Culmbach Tochter, ins Kloster einnehmen solten. Die Klosterfrauen beziehen sich auf des Raths zu Nürnberg Einwilligung. Solche zu überkommen, lässet Herr Marggraf Albrecht ein Intercessions-Schreiben nach Nürnberg abgehen, datum Onolzbach, Mittwoch nach Conceptionis Mariæ a. 1442. Siehe Hist. Norimb. dipl. p. 971.

2. Juliana Zutschin die Pröpstin zu Pillenreuth, bittet Herrn Ruprecht Haller, in einem Schreiben, die Ottmaris 1483. Beförderung zu thun, daß Barbara Redwizerin, deren Eltern zu Nürnberg Burgere gewesen, durfte angenommen werden. Ihn ebender zu persuadiren, gebrauchet sie dieß Argument: ein solch tugendliches Kind, welches durch seine Fürderung zum geistlichen Stand gelanget, werde ihn, einsmalen aus dem Fegfeuer erlösen, und durch ein solches Werk vor der Höllen behüten. Denn es komme eine Zeit, wenn den Menschen alle Dinge verlassen, so folgen ihm seine gute Werke nach.

3. A. 1486. 3) nach Iubilate hat der Rath bewilliget, Caspar Schlüsselfelders Tochter, Anna, einzunehmen.

4. A. 1489. 3) nach Reminiscere, hatte der Rath erlaubet, Gabriel Holzschuers und Jacob Gärtners, Töchter, ins Kloster aufzunehmen.

5. Sambstag vor Trinitatis 1492. bekommt das Kloster Erlaubnus, Heinrich Geuders Tochter bey sich einzunehmen.

6. A. 1499. 4) post visitat. Mariæ tretten mit des Raths Genehmhaltung, diese 4. Jungfrauen,

frauen, Sebald Schürſtabs zwo Töchter,
Fabian Hallers und Heinrich Voitens Töchter,
in die Sammlung zur lieben Frauen Schiedung.

7. Ludwig Schnödens Tochter, ins Klo-
ſter aufzunehmen, hat der Rath 6) nach Jo-
hannis A. 1511. bewilligt.

8. A. 1511. am Pfingſtabend, iſt der Pröp-
ſtin bewilliget worden, Georg Widmanns Toch-
ter einzunehmen, wenn ſie anders ſo viel mit
ins Kloſter bringet, daß ſie damit eine andere
neben ihr, hinbringen mag.

9. Hannß Geigers, des Apotheckers unter
der Frauen-Kyrch, Tochter, tritt mit des Raths
gutem Willen und mitgebrachtem dote, ins Klo-
ſter 1513. 4) nach Johannis.

10. A. 1513. 2) nach Johannis Baptiſtæ,
auf der Pröpſtin Zuſchreiben, iſt ihr bewilliget,
des Abts zu ſt. Egydien, ſeine Schweſter ein-
zunehmen. Man hat ihr aber ſogleich unter-
ſaget, hinfüro ohne des Raths Vorwiſſen, nie-
manden Zuſage zu thun.

11. A. 1519. die Criſpini et Criſpiniani,
kommt Jakob Welſers Tochter, Brigitta, mit
des Raths Gunſt, ins Kloſter.

12. A. 1521. erlangen Stefan Schlau-
derſpach und des Hannß Muſſers, Töchter,
6) poſt aſſumptionis Mariæ, die Erlaubnus ins
Kloſter zu tretten.

B. Als Layen-Schweſtern
ſind mit herrſchafftlicher Einwilligung auf-
genommen worden:

1. Der Schürerin Tochter a. 1483. ♄ nach
Michaelis.

2. Die

2. Die Nähter Kun, eine Jungfrau von Reichelsdorf, als Köchin, D nach Jacobi a. 1486.

3. Des Klosters Wäscherin, als Layen-schwester, doch muste sie zuvor Burgerin wer-den 3) nach exaudi 1491.

4. Hannß Harßdörfers Dienstmagd. a. 1519. die Crispini et Crispiniani.

§. 20.

Die Anzahl der Gäste und die Unkosten bey dem Profeß der Nonnen wer-den moderiret.

Hatte eine Novitia ihr Probjahr ausgestan-den und der Tag kam herbey, daß sie, vor de-nen Superioribus und versammletem Convent, die profeſs ablegen wolte, so wurden zu dieser Feyerlichkeit, der neuen Closterfrau ihre Eltern und Anverwandte, samt vielen andern Closter-Freunden, eingeladen. Bey einer solchen Ge-legenheit sahe man die Nonnen in vollem Ver-gnügen. Sie machten sich mit denen Gästen und die Gäste mit denen Nonnen sehr lustig. Damit die geistlichen Frauen nicht möchten in üblen Ruf kommen, suchte der Rath, durch seine kluge Veranstaltung, allen Unordnun-gen, mit vorgeschriebenen Verhaltungs-Be-fehlen, zu begegnen. Als Herrn Paulus Im-hofs Tochter, Gehorsam gethan, haben die Klosterfrauen sehr viele von ihren Freunden hin-aus geladen; allein es durfte vermög herrschaft-lichen Befehls niemand hinaus ins Kloster fah-ren, als der Jungfrauen Vatter und Mutter,

Anherr

Anherr und Anfrau, die Geschwistrigte und der-
selben Gemahl und noch 6 Personen, aus der
Freundschaft. Denen, welche sich über das Ver-
bot bey der profess eingefunden, kostete es 20 fl.
actum an st. Alexii Tag 1484. Ein Jahr her-
nach als die Iuliana Schlüsselfelderin profess
thate, wolte man gar niemanden nach Pillen-
reuth lassen. Durch schriftliches Bitten erhielte
die Pröbstin endlich so viel, daß doch etliche
Freunde, von der Novitia durften eingeladen
werden. Actum am ♄ nach st. Matthäus-Tag
1485.

§. 21.

Pabst Sixti Inhibition, nicht mehrere Nonnen ins Kloster zu nehmen, als das-selbige ernähren kan.

Sixtus Episcopus Servus Servorum Dei, ad
perpetuam rei memoriam, inter cetera quibus
ex sulcepti regiminis onere vigilancius intendere
nos convenit, hoc sumopere cupimus et debe-
mus nostris efficere temporibus, quod nostre
provisionis auspiciis, monasteriorum et alio-
rum locorum regularium omnium, quorum no-
bis cura generalis est comissa, status prospere-
tur ubilibet, possintque monasteria et loca ipsa
ac in eis domino mancipate persone a commi-
natis subtrahi dispendiis et cum diuini cultus
augmento proficere votivis incrementis. Sane
sicut accepimus sancte clare eiusdem sancte et
sancte Katherine, sancti augustini, sub cura et
secundum instituta fratrum predicatorum viven-
tium ac beate Marie virginis in *Pillenreut* eius-
dem sti. augustini sub cura et secundum in-
stituta

ftituta canonicorum regularium dicti fancti au-
guftini per prepofitiffam foliti gubernari *extra
muros opidi Nurembergenf.* ac in Grinlach (Grund-
lach) Ciftercienfis ordinum monafteriorum Ei-
ftetenfis et Bambergenfis diœcefis in locis tem-
porali dominio dilectis filiis Magiftris Ciuium et
Confulibus opidi Nuremberg prefati fubiectis
conftitutorum et que hactenus fub tutela et de-
fenfione prefatorum Magiftrorum et Confu-
lum effe confueverunt, facultates pro recipien-
dis fororibus et monialibus ad domos et mona-
fteria predicta confluentibus congrue non fup-
petant. Nos indemnitatibus domorum et mona-
fteriorum huiusmodi et ut in illis regularis vi-
geat obferuancia oportune prouidere cupientes
auctoritate apoftolica tenore prefencium ftatui-
mus et ordinamus. Quod de cetero perpetuis
futuris temporibus in monafteriis prefatis foro-
res et moniales recipi non poffint nifi prout illo-
rum facultates fuppetant, et quod mulieres dicti
opidi et Indigene dumtaxat et non alie in foro-
res et moniales domorum et monafteriorum eo-
rundem recipi et admitti debeant, ac fororibus
et monialibus domorum et monafteriorum eo-
rundem in virtute fancte obediencie diftricte pre-
cipimus atque mandamus. Ne aliquam in foro-
rem et monialem domorum et monafteriorum
huiusmodi contra decretum, declarationem,
ftatutum et ordinacionem huiusmodi recipere
feu in talem admittere quoquo modo prefumant,
conftitutionibus et ordinacionibus apoftolicis ac
ftatutis et confuetudinibus monafterii et ordinum
predictorum Iuramento confirmatione apoftoli-
ca vel quavis alia firmitate roboratis ceterisque

in

in contrarium facientibus non obſtantibus qui-
buscunque, Nulli ergo omnino hominum liceat
hanc paginam noſtri ſtatuti ordinacionis prece-
pti et mandati infringere vel ei auſu temerario
contraire. Siquis autem hoc attemptare pre-
ſumſerit indignacionem omnipotentis dei ac bea-
torum Petri et Pauli apoſtolorum eius ſe nove-
rit incurſurum. Datum Campagnani Surrinen-
ſis diœceſis. Anno Incarnationis dominice Mil-
leſimo quadringenteſimo ſeptuageſimo ſexto,
tercio Idus Iunii, pontificatus noſtri anno quinto.

Anmerkungen. Dieſer Sixtus war der IVte dieſes
Namens. Er war aus Savona, hieß Franciſcus Kia-
rius, anfänglich ein Franciſcaner Mönch, kam 1471
auf den päbſtlichen Stuhl. Er ſetzte, daß alle 25 Jahr
das Iubilæum ſolte gefeyret werden. Hat ſich zuerſt
eine Leibguarde von Schweitzern angeſtellet.

Congrue non ſuppetant. Biß zu dieſen Worten ſtehet
dieſe Bulle in der hiſtoria Norimb. diplomatica num. 392.
p. 717. 718. aber mit veränderter orthographia, und
mit Hinweglaſſung des übrigen Verfolgs, den wir mit
hinzufügen wolten.

Tercio Idus Iunii, iſt der 11te Junius.

§. 22.

Von den Seelgeräthen und Vermächt-
nüſſen und den daher entſtandenen Kloſter-
Gütern und Einkommen.

In den vorigen Zeiten war die Einfalt ſo groß,
daß ſich niemand getrauete ſelig zu werden, wenn
er nicht noch bey ſeinem Leben etwas in ein Klo-
ſter geſchenket, oder doch daſſelbige in ſeinem letz-
ten Willen bedacht. Dafür hoſte man zu erlan-
gen, daß die Seelen, bald aus dem Fegfeuer ſol-
ten erlöſet werden. Man war öfters mit denen
Vermächtnüſſen ganz verſchwenderiſch; das
Kloſter

Kloster machte man reich, sich und die Seinigen
stürzte mancher in Armuth. Obwoln die Klo-
sterfrauen zu Pillenreuth, mit so vielen Gütern,
als andere Frauen-Klöster (siehe Hrn. M. Mar-
tini lesenswürdige Beschreibung des Klosters
Engelthal §. 27.) nicht bedacht waren, so kun-
ten sie jedennoch herrlich haußhalten. Sie hat-
ten Güter zu Bruck, Reßwasser, Killans-
dorf, Gaißhof, Wildenreuth, Wozelndorf.
Und die vielen einzelen Unterthanen, entrichte-
ten ihre Gülten, die Zehenden, Steuer und ewige
Geld-Zinnße. Von denen ersparten Geldern,
welche zu Nürnberg auf der Losungsstuben an-
geleget wurden, zahlte man den Klosterfrauen,
jährlich eine beträchtliche Rente. Einige derje-
nigen Personen, welche wegen gestifteter Jahr-
täge, dem Closter Wohlthaten erwiesen, wol-
len wir namhaft machen:

Ludwig, genannt der Römer, Churfürst
zu Brandenburg, und Otto sein Bruder, beede
Pfalzgraven beym Rhein, Herzoge in Bayern,
haben a. 1361. ihres Herrn Vatters K. Ludwigs
gestifteten Jahrtag ausgerichtet, und dazu auf
ihren Zoll zu Cüstrin, verwiesen, jährlich eine
Last Hering und zwey Schock breiter Groschen.
Datum Nürnberg ♂ nach Lætare. Diese Ur-
kunde, wollen wir zu Ende dieses Sphi selbsten
mittheilen.

Hannß Tenisler von Plauen stiftete a. 1398.
an st. Agnestag, seinen Jahrstag mit Seelmeß
und Vigilien zu begehen, gab 20 fl.

Elisabetha Schenkin von Geyern, machte
ein Geschäft a. 1404. an Symonis und Judä
Tag,

Tag, ihr einen Jahrtag, an st. Elisabethentag,
alljährlich zu begehen.

Peter Kumpf hat a. 1406. 8 post Epiph. für
sich, seine Kinder, für seinen Vatter und Mutter
Jahrtäge gestiftet, und deswegen dem Kloster
170 fl. ausgezahlet.

Anna Guneterin a. 1407. Margaretha
Widmännin. Hannß Scheffer, sich, seiner Ehe-
wirthin Elß, und Hermann ihr beyder Sohn
a. 1432. die Ursulæ, gaben dem Kloster 30 fl.

Beatrix von Haideck, Herrn Friederich von
Haideck Gemahlin. Anna Kästlin, hat ein Gut
zu Röthenbach ins Kloster vermacht, wegen ih-
res Jahrtags. 1389. Anna Gärtnerin. Frau
Ursula Niclas Tezlin, eine geborne Holzschue-
rin, verschafte 1505. ♄ nach Maria Magdalena
Tag, weil sie ohne Leibes-Erben abgienge, dem
Kloster 400 fl. dafür ihren und ihres Gemahls
Jahrtag zu feyern.

Wir Lud. genannt der Romer vnd Otto,
gebrud' von gods gnaden Marg"ffen zu der
Brüdenburg vnd zu Lusitz des heiligen Rom'-
schen Reichs Oberste kemerer pfallentzg"ffen bi
Rine vnd hertzog'n in bay'rn, bekennen vnd tun
kunt allen den di disen brief sehen oder heren le-
sen. Daz wir durch merung Gods dinstes ouch
durch hail des hochgeborn vnsers herren vnd
vaters sel. dem God gnade vnd all vnser vor-
der vnd nachkom'der sele, vnd zu einer ewigen
gedechtnissen vnsers egnanten herren vnd Va-
ters ouch vnser vnd aller der dauon wir gebor'n
sint sele willen zu einem recht'n almosen. Vnd
zu sture irer kranken Narung di si noch haben,
den gaistlichn frouwen der heilg'n samng

F

(Sam-

(Sammung) der closen geheizzen zu vnser frou-
wen schidung geleg'n bi Nuremberg, der vnser
vorschrib'n herre vnd vater in götlicher begierde
vnd mainung stifter von irst (erst) gewesen ist,
Solche almosen vnd gnade getan vnd geb'n
hab'n, tun vnd geb'n ouch volkumenlichen mit
diesem selb'n brief, daz si von vnserm Zolle zu
Kustrin an der Wartte, von vns allen vnsern
erb'n vnd nachkomenden alle iar hab'n vnd zu
ir'n frumen vnd nutze nemen sullen vnd mügen
eynen laste heringhes vnd darzu zwei schock prei-
ter grosch'n oder zwu bñdenburghische (bran-
denburgische) m'rk (Mark) di in oder iren bo-
ten, di si darnach senden, vnser Zollener, di
nun sin oder fürbaz werdent nu von irst an sant
martens abent der neheßt kumpt vnd dernach
fürbaz alle iar vff den selben sant Martens abent
furderlich'n on alle miñerung vnd wider rede
alle iar ains geb'n sollen, vnd wollen ouch vnd
gebiten, denselb'n allen vnsern Zollnern, di nu
oder zu künftig'n Zeiten sint vnd ouch allen an-
dern vnsern amptleuten, daz sie in von vnsern we-
gen an der obgescrib'n gnade furderlich'n sein vnd
si dar an nicht hindern noch irren in dheiner wise,
nÿch wider solche gnade vnd brief di si dar vber
von vns hab'n nicht entun veftichlich'n bi vnsern
hulden, welcher von vnser' Zollner' amptleute
oder anders ymand der vnnder vnser herschafft
wonnet vnd vns zu gebot stan, da wider tete
vnd si daran hindert, der wisse, daz er vnser
straffen vnd sunder vngenad dar vmb tragen
mus. Daz in daz also gentzlich'n stete vnd vaste
gehalten werde vnd widervar des geb'n wir in
zu merer sicherheit disen brief mit vnsern Insigel
besiaelt,

beſigelt, dapi ſint geweſen als der obgeſcrib'n ſache gezüge, der Erſam in gode piſſchoff hein- reich von Lubus (Lebus) vnd ouch veſte Manne Johanns der huſemer, Peter von Trütenberg Rittere vnd guntzel von bert'nsleven. geb'n zu Nürnberg nach chriſti'geburde drietzeh'n hundert Jar in dem ein vnd Sechßzigeſteu Jare am dienſttag nach Letare.

Anmerkung. Das davon abhangende länglichte Siegel, iſt ein figillum pedeſtre. Der Marggraf iſt ſtehend abgebildet, wie er in der rechten Hand eine Fahne, und in der linken Hand, den Schild, mit dem brandenburgiſchen Adler hält. An dem Leib iſt er mit einem Panzerrock, welcher biß an die Knie gehet, be- kleidet, um die Schultern hanget ein Fürſtenmantel, ſo biß an die Knöchel reichet. Auf dem Haupt ſitzet ein Caſquet. Die Umſchrift heiſſet: ✠ S. Ludvvici Ro- mani Dei gracia Marchionis Brandenburgenſis. Er wurde deswegen Ludwig, der Römer, genannt, weil ſeine Frau Mutter, Margaretha, Gräfin von Holland, A. 1328 zu Rom, bald nach ihrer Krönung, mit ihm niedergekommen iſt. Wann der ältere Kayſerliche Prinz, auch Ludovicus geheiſſen, ſo wurde dieſer, Ludovicus brandenburgenfis, der jüngere aber, Ludwig der Rö- mer genannt. Siehe Hempels Erläuterung über Lude- vvigii Germ. Princip. Libr. IV. c. I. §. 13. p. 1157.

Dienſtag nach Lætare. Lætare iſt a. 1361. den 7. Martii gefallen, alſo iſt dieſes diploma den 9. Martii gefertiget worden.

§. 23.
Von dem Gericht bey dem Kloſter
Pillenreuth.

In Pillenreuth war ein ſehr altes Mal-Ge- richt. Herr Conrad Groß, hat ſolches, wie er es, von dem Reich an ſich gebracht, mit allen Gerechtſamen, dem neu errichteten Kloſter über-

geben.

geben. Siehe oben §. 5. Am Amt saßen, ein
Richter, ein Gerichtsschreiber, und XII Schöpfen, denen ein Gerichtsknecht zugegeben war,
der die Gerichts-execution mit eingehen in des
Beklagten Hauß und dessen Entspannung vollbringen muste. Alle sind in Ayd und Pflichten
gestanden. Dieses Gericht versammlete sich
das Jahr viermal in der obern Stuben des dasigen zweygädigen Bauernhauses, und hielte
Rueg- und Ehehaft-Recht. Die noch vorhandenen Gerichts- und Wandel-Bücher de
a. 1468. de anno 1523. 1528. 1560. 1568.
biß 1591. erweisen zur Genüg, wie ordentlich
und billig man bey diesem Gericht verfahren.
Die auswärtigen Herrschafften haben es deswegen allezeit für eine rechtmäßige Instanz gehalten, und das sollen die unten angefügten
Missiven beweisen. Seit 1592. da die letzte
Pillenreuthische Servitial und Layen-Schwester, das Kloster, samt allen Zugehörten, einem hochlöblichen Magistrat der Stadt Nürnberg übergeben, ist dieses Gericht abgegangen.
Nun werden die vorkommenden Handlungen,
der Klostergüter und Unterthanen, von einem
constituirten Herrn Pfleger tractiret und beygeleget.

§. 24.
Beeidung aller zum Gericht gehörigen Personen.

A. Des Richters Ayd.

Item es ist zu wissen, das ein yettlicher
Richter sein trew geben sol, vnd dazu, zu gott
vnd

vnd den heiligen ſweren, das er dem richter
ampt, trewlich vnd gewertig vor wolle ſein,
dem armen, als den reychen, vnd das nit laſ-
ſen wölle, weder durch frewndſchafft noch veynt-
ſchafft, durch lieb noch durch leyd, durch myet
noch durch gab, von niemants willen vnd das
gericht behalten wölle, bey ſeinem alten her-
khommen, on alles geuerde, des bitt mir gott
zu helffenn vnd alle heyligenn.

B. Der Schöpffen Ayd.

Es iſt zu wiſſen, das ein jeder ſchöpff der
gewölt wird zu dem Schöpffampt, der ſol ſein
getrew gebenn v. Dartzu zu gott vnd den heiligen
ſweren, das Er dem ſchöpffen ampt trewlich
vnd gewertig vor ſein woll vnd das recht ſpre-
chen wolle, mit ſampt anndern ſchöpffen, nach
ſeinem Gewyſſenn vnd gut bedunken, denn ar-
men als dem reychenn, das nicht laſſenn wölle
weder durch frewndſchafft, noch durch veynd-
ſchafft, durch lieb noch durch leydt, durch myet
noch durch Gabe getrewlich vnd vngeuerlich,
das bitt mir gott zu helffen vnd alle heyligenn.

C. Der gerichtſchreyber Ayd.

Ein gerichtſchreyber ſol geloben vnd darauff
zu gott vnd den heyligen ſweren, das er des ge-
richtz mit allem vleyß wartten vnd pflegen vnd
alle clagen, antwurtt, gegenrede, nachrede,
kuntſchafft, vrtail, mit ſamt allen gerichts
henndeln vnd andern, So Jme derohalb ge-
pürt, getrewlich vnd vngeuerlich, nach ſeiner
peſten verſtenntnus beſchreibenn, vnd des ge-
richts heimlykeyt, auch kein vrtail, So durch

F 3 die

die Schöpffenn oder vrtaylsprecher gesammelt oder ertaylt wirdet vor vnd ee die gerichtlich eröffennt werden gen nyemanndt melden, auch alles das, das er pillig verschweygen solle, zu ewigen zeytten verschwigenn haltenn, auch keynnerley myed, gab oder schanck vordern noch nemen alles getrewlich vnd vngeuerlich.

D. Der gerichtz knecht oder Püttel ayd.

Es sol ein gerichts knecht oder Püttel gelobenn vnd sweren, das er der Pflegnus des gerichtz, mit fürpott, verkündung, volung, kundschaft vnd allen anndern sachen, das gericht berürendt, getrewlich pflegen, volstreken, sagen vnd gewartten, vnd keine geuerlichen verzichen. Das er auch menniglichen armen vnd reychen, pfanndts helfen, als er von gerichts wegen, zu recht sol, vnnd das weder durch myedt, gab oder annder sach vnd außzüge, nicht verziehenn noch nymannd darinnen verschunen wölle, alles getreulich vnd vngeuerlich.

Anmerkung. Myedt. Eine Verehrung, freywilliges Geschenk, oder Arbeit, welche statt der Bezahlung geleistet wird. Wachter. 1678.

E. Was man an allen Ehehafftrechten ablesen muste.

a. Item es ist zu wissen, das für vnsern lieben pfleger Herrn N. vnd für mich frawen N. Pröbstin vnd Schafferinn des würdigen Conuents kommen ist, mancher vnbescheydener handel vnd vnerberig sitten vnd newer gewonheyt, die vor alter nit seyn herkommen, dann zu wissen ist,

ift, das vnfer recht allwegen gar redlich, löb-
lich vnd frydlich, ftill vnd gehorfam ift geweft,
denn die im rechten zu pieten vnd verpletten ha-
ben gehabt, Nun kumpt für vns, das, das
gar faft abnimpt, in etzlichen, vnd gar geprech-
enlich erfcheynt, doch nitt in allenn, So ir
euch nun nit kunt haltenn vnd geprauchen vnd
vereinigen, alls pilligkeyt erapfcht vnd fordert,
So wollen wir mit gewallt vnd guter gewiffen,
darauf fetzen puß vnd ftraf, des erftlich nach
groffen genaden gillt, ob das nit wollt helffen,
darnach mit andern ernft, das mer auff in trug,
das wir euch in lieb ratten zu vermeyden, denn
keins dar innen fulle gefchunt werden, weder
Junngs noch allts vnt hinfür vnnfer hofmaifter
gar ernftlich müeffen haltenn, auch bey einer
püeß. Nun gen hernach die ftük, die wir ge-
pietten zu hallten, Ein yettliches LX pfenig an
alle genad, dartzu ich fchafferin ein puchffen hab
gekawfft mit zweyen fchlüffeln, Solle der rich-
ter den einen haben, den andern will ich fchlkenn
vnnfern getrewen pfleger vnd fo offt LX pfennig
verfallen, follen XXX mir fchafferin gefallen,
die fol ich an des conuentz nutz legen, nach
trewen, nach notturfft, vnd ich erkenn, die
andern XXX folle der richter in die Püch-
ffen legen, die follen gewendt werden, in die
gemeyne, nach rath vnnfers getrewen Pfle-
gers, vnd der eeltzten vier des rechten. Nun
gen hernach die ftük, die wir gepietten vnd ver-
pietten. Des erften gepietten wir, fo das recht
ausgegangen ift, das keiner freuelich oder vn-
befcheydenlich dem andern einred, noch feinem
fürfprechen nit einred, weder mit fpöttlichen
F 4   oder

oder freveln wortten, oder hönreden, allein
sein fürsprech, soll allein reden vnd die andern
hören in gantzer still, vnd merken die sach, vnd
mit vernunfft, die sach ausrichten, vnd nit
auff den tisch vnbescheydenlich schlahen mit gros-
sem geschrey vnd freuel, vnd annder mer gro-
ber vnzucht, die vns für sein kommen. Vnd
darumb soll das gericht verpfändt sein pey LX
pfeñlg wollicher in der stük einem freuelich vber-
tret, oder wollicher sich wider ein gemeyn setzt,
anders, dann vor rechtlich gewest ist, der
muß geben die LX Pfennig oder am dritten tag
darnach gepfenndt werden, ob er sich wider-
setzt, vnd es soll keines geschunt werden, wol-
licher er halt ist, Nun mer erman wir euch all
ewer trew vnd gelübt, ewer yetzlicher vns ge-
thun habt, vnnser schaden zu wennden, allent-
halben vnnsern frummen zu füdern, wöllicher
der ist; der hat gelobet vnd nit helt, der wirtt
an zweyffel hart gestrafft hye oder dort, wann
wir die gefangen vnsers hern sein vnd kunnen
vnser gütter selber nit beschützen noch bewaren,
aber doch darumb, das wir euch sollicher fell
vnd freuels nit ein sach sein, aus vnnser ver-
saumnus, So setz wir LX Pfeñig darauff wel-
cher vns meer zu schaden lest geen, knecht oder
meyd, oder kindt, oder vieh, Es sey in ru-
ben, krawt, getreyd, In hölzern, in weyhern,
an vnser verlaub oder wissenn, müssen an alle
gnad geben LX Pfeñig, doch mag der schad
als groß sein, er mus mer geben, das sagt
all ewrn kinden, knechten v. meydenn.

b. Es ist auch zu wissen, das vnnsern ge-
trewen herrn N. vnsern pfleger, der vns von
einem

einem Ersamen fürsichtigen weysen ratt zu
Nürnberg verordnet vnd gesetzt ist, auch Pröb-
stin vnd Schafferin alhie zu Pyllnrewt, statt-
lichen angelanget hatt, wie die Jhenigen, so
ruegweyß vnnsern schaden So etwann vil vnn-
sern Closter mit beschedigung vnser wysenn vnd
eckern beschicht dieselben so sollichs rüegen wie
dann von alter herkhomen vnd recht ist, von
den anndern vereter gescholten, vnd geschmecht
werden, Demnach ist vnnser ernstlich mey-
nung, wo hinfüro solche schmehung angezaigt
würde, vnd derhalb fürgepracht, oder sich sol-
lichs mit seinem ayd vnd rechten nicht benemen
mocht, zu pueß verfallen sein soll, ein guldenn
reinisch landßwerung, Es möchte auch einer so
freuentlich handeln, man werde Jme gen
Nürmberg gefencklich antwurtten, vnd ein Er-
ber radte mit ihm handeln, wie ein ratt zu radte
würde, damyt wyssen sich meniglich dafür zu
verhüetten und vor schaden zu bewaren.

c. Es ist auch sonderlich verordnet, nach-
dem man Jerlichen hie zu Pillenrewt rüegt, sol
also gehalten werden, so zween an ermelter
rüege gesessen sind, sollen zu der andern rüege
zween erwelt, vnd also hinfür ye zween vnd
zween, biß zw außgang der zwölff schöpffen,
darnach wieder oben an zu heben.

d. Verkünd=Brief.

Zu merken daz vnser wirdige fraw pröbstin
vnd der Convent etlich artikel v'künden vnd
verpiten lasen, als ir hören wert, vnd hernach
volgt. Zum ersten lassen sy verpiten, daz hin-
für nymant in yrem getreid oder wisen grasen

F 5   oder

oder krawten ſol, on eins hofmeiſters willen
vnd wiſen bey pen iiij Pfund.

Zum anndern daʒ nyemant in ire holczer
oder ſleg Ir vih nit treiben ſol vnd daʒ ſullen
ſy iren hirtten verpiten, auch ſullen ſy daryn-
nen dy ſtrew nit rechen, holʒ oder eeſt nit ab-
hawen, noch keinerlei daʒ ſchaden precht, vnd
wen dy vnſern ein ſolchs ſehen daʒ ſollen ſy zu
hant dem hofmeiſter kunth tun vy der gelübt dy
ſy vnſer frawen Pröbſtin geton haben.

Darnach laſſen ſy verpiten, daʒ man in
Irem weier mit dem Vih nit treiben, graſen
oder meen ſol, noch mit dem Pferden auf dem
Wer nit hüten on laub vnd wiſſen eins hof-
meiſters.

Mer verpit man, daʒ man deʒ morgens
oder abencʒ durch deʒ kloſters hof nit reitten
ſol, inſonderheit nach der Complet von irs ge-
ſchreis vnd vnczuchts wegen dadurch dy frawen
in iren czellen vnrw haben, vnd an irem gepet
gehindert werden.

Item mer gepitten Sy daʒ ein yglicher ſein
ehehalten vnd kindern ſagen ſol, daʒ ſy nit ſtey-
gen in ire gerten vnd daʒ obcʒ abreyßen vnd ire
Zewn nyder tretten vnd dy pelczen verderben.

Mer verpitten ſy alle kapffer weder in
den holczern noch an keine ſtatt pey j. gulden,
auch ſol keiner mer tauben halten, dann im
zu ſtet.

Darnach v'peut mann daʒ keiner vber vn-
ſer Mark ackern ſol anders dan von alter her-
kumen iſt. Vnd wer daʒ von dem andern weiß
der ſol es rüegen bey dem ayd.

Item vnd wen vnſer hoffmeiſter oder vnſer
eehalt vnſern ſchaden bewaren, fürpringen,
oder weren wolten. welcher dan ſollichs an yme
rechen wolt, oder frewel, ſmachheit yme be-
weiſet, dem wirt man ſtraffen mit einer Pen
j. gulden.

Anmerkung. Kapffer. Einer der an den jungen
Bäumen die Gipfel abſchläget, oder abhauet, von Kapfen,
amputare. Wachter Gloſſ. p. 812. Kapfer, Vorſtiche,
proceres et ſunt capita trabum, qui eminent extra
parietes, Kragſtein, ſiehe das alte teutſche Lexicon
Norib. de anno 1482. genannt Ruſticanus terminorum
Interpres. Hier könnte es ſoviel heiſſen, als alle Vor-
ſtiche, Fürreuthe die zu weit auf die Gemeine hinauß
gehen, und dieſelbe ſchmälern oder hindern.

F. Hernach volgt, wie alle ſtraffen ſollen ge-
rüegt vnd fürgenommen werden, nemblich als
ſchlagen, raiffen, werffen, ſchenden, ſchme-
chen, verwundung, fridpoth vnd anders.
Erſtlich, ſo Mann oder Weyb einander
ſchenden, ſchmehen, als Diebe, ſchelmen,
Pößewicht, dy Weyber huren oder Die-
binn ſchmehen, Sol ein yeder drey tag in dy eyſ-
ſen geſchlahn werden, oder für yeden tag 30
Pfen. bezalen alzobalden.
Item ſo ſy aber einannder mit feuſten, Pa-
kenſchlagen oder raiffen, So Peuterling geſe-
hen werden, ſo ſoll der theter oder theterin der
Herrſchafft zu ſtraff vnd wandel geben alsbal-
den 6 Pfund vnd dem beſchedigten 4 Pfund vn-
abläßig.

Anmerkung. Peuterling: Pauderling. Wunden
die offen, aber doch nicht ſchädlich, auch Heftens und
Maiſelns nicht brauchen. Haltauſii Gl. p. 1459.

Item,

Item, so einer dem andern verwunth, hawet, sticht, so ein Wund ist, So gepüeret der herschaft dy straff 30 Pfund vnd dem beschettigten 20 Pfund zu erlegen, so aber dy Wunden nit groß oder geuerlich, so strafft man sy aus gnaden halb so uiel, das ist der herschafft 15 Pfund vnd dem beschettigten 10 Pfund vnabläßlichen.

Item in allen verwundungen behelt mann dy lemung Jar vnd tag beuor alßdenn stett es zu erkenntnus der herschafft.

Item so ainer ainich fridpoth veracht oder vbertritt, so ist dy straff 10 fl. der herschafft.

Solche straffen soll der richter bey seiner Pflicht vnabläßlichen in vier Wochen einbringen, vnd Je verpürgen lassen, oder er wirdt solche selbst bezahlen müssen, In ein Püchssen legen vnd rechnung dauon halten.

Darnach wisse sich menniglich zu richten vnd vor solchen straffen zu verhüeten.

§. 25.

Verschiedene Schreiben an das Gericht zu Pillenreuth.

A. Von dem Land=Gericht.

Johann Christoff von Gich, der Rechten Doctor, Lantrichter des Kayserlichen Landgerichtz des Burggraffthums zu Nürmberg Entbeut dem Erbarn N. N. hofmaister vnd Richter zu Bilnreudt, Mein freundtlich Dienst zuuor, Vnd füeg dir hiemit zu vernemen, das sich heinrich Raffer zu Unterferrieden vnd hannß Kraus zu Schwarzenau Inzichtere,

zichtere, Vor mir im Landgericht hiebeyliegen-
de, Weysung Artickel zu beweisen erbotten. Da-
mit Sie dann, wie Recht ist zugelassen werden,
dazu sie neben andern etlichen gezeugen, dir
ambts halben onterworffen zu gebrauchen Not-
türfftig, demnach ist an dich, von berüerts kay-
serlichen Lantgerichtz wegen mein freundlich bit-
te, du wöllest der warheit vnd gerechtigkeit zu
steüer die Zeugen, so dir gemellte Inzichter an-
zeigen v. benennen werden, off einen nemlichen
tag rechtlich für dich erfordern. Dieselben auch
alspaldt mit gelübden vnd ayden beladen. Hie-
beygelegte Weysung Artickel der Inzichter,
auch genaue fragstuken so du ambtshalben hier-
innen furwenden wöllest, die warheit zu sagen
vnd fürtter wie recht ist zu verhören, Jr sag
vnd Zeugnus aigentlich auffschreiben lassen vnd
die besiegelt verschlossen, obgenanten Inzich-
tern gegen zimblicher belohnung oberantwortten,
sich derselben in sechß wuchen der nehsten nach
oberantwortung diß briefs Im Rechten vor
Lantgericht zu Jrer Notturfft haben zu gebrau-
chen. Daran geschicht dem Rechten billige
fürderung vnd mir guts Gefallen, Meinethal-
ben freundlich zu verdienen. Geben vnter des
Lantgerichts Insiegell am Mondtag nach dem
Sonntag Reminiscere a. LXXIIIJ.

Anmerkung Das Siegel ist auf gelbes Wax, mit
überlegtem Papyr, außen aufgeschlagen gewesen, und
dasjenige, welches Herr Pfarrer Oetter in dem Ver-
such einer Geschichte der Herren Burggraven zu Nürn-
berg, Tom. I. p. 79. angeführet hat.

B. Von

B. Von dem Gericht zu Schwand.

Die Thurſnerin, von Schwerzenloe, iſt komen vor gericht hie zu Schwandt vnd anklagt den alten Sibenell von Lerſtetten vmb 4 fl. 3 Pfund vor holz das ir Man ſeliger bezalt hatt, Nun iſt das holz yn nit gefolgt vnd iſt vor recht geſtanden. vnd mit vrtel vnd recht ſolchs erlangt, darumb ſie den Jacob Sibenell zw geſprochen hatt, vber ſolchen allen hat der frawen nit mögen volgen, wy ir durch recht geſprochen iſt, Nun hat die fraw dem Ambtmann zw Schwobach klagt, dieweil ſich der Sibenell ſolchs widert vnd des rechtens nit gewart, wy wol es ime alle mal verkundiget iſt worden, So hat der Ambtmann geſchrieben, was die Fraw mit vrtel vnd recht erlangt habe, das ſol man ir helffen, welches geſchehen iſt, nach gerechts ordnung, nachdem als die fraw komen iſt vnd ſolchs begehrt, hat ein richter vnd ein Erbar Rath dem rechten nach nit wollen verhalten, actum Dinſtag nach Invocavit im 1526 Jar.

Inſcriptio. An Erſamen vnd weyſen N. N. Richter vnd Rath zw der Pildenreuth vnſern günſtigen guten freunden.

C. Von dem Caſtner zu Roth.

Mein in Ehren gebüerende dienſt zuuor. Ehrwürdige Gl. fraw Schaffnerin. Sich hat verſchinen Jaren begeben, das weyland Hans Hamer im Amt Roth zu Pellenbach geſeſſen a. 62 aus dieſem ſterblichen Leben durch den zeitlichen tod abgefordert worden, und nach ime Cuntzen Hamer ſeinen ehlichen v. noch unmündigen

digen Sohn hinterlaſſen, welcher als er anjetzo
zu ſeinen mündigen vnd vogtbaren jaren kumen,
vnd durch ſeine verordnete Vormund in erfah-
rung gebracht, wie das Claus Hamer zu
Herpersdorf ſeines Vatters bruder alles ſo ſein
Vatter an haußrath vnd andern beweglichen
güettern, hinter ſich verlaßen, dazumal one
ainige der herſchaft bewilligung vnd anmuttung
auffgeladen vnd hinweg geſürt, welches ſich vn-
geſehrlich in die 28 fl. werts, (weniger oder
mehr) erſtrecken möcht, Inmaſſen beyligende
Verzeichnüs zum theil außweißet, hat er ge-
dachten ſein Vettern, E. Ehrwürden hinter-
ſetzen vmb Abtrag und ergetzlichkeit ſolcher, aige-
nes gewallts, hinweg geſürten, fahrenden Güet-
tern, durch etzliche ſeiner freundt güetlich beſpre-
chen vnd anreden laſſen, er inen aber darauff
nur böſe, vnnütze wort mitgetheilet, und nich-
ten geſtehen wöllen, dadurch er verurſachet
worden, mich vmb vorſchriften an E. Ehrwür-
den anzulangen. Wann ich mich gleichwohl
bey meinen Amtsbeuohlenen, ſein Hamers ge-
gebenen Pfleg-Vättern ſo viel erkundigt das
die ſachen mit entſüruhg bemelter hab im Grund
alſo beſchaffen und alſo dem armen waiſen, in
verbleibung gebürender widerkör gar ungüettlich
geſchehe, als hab ich ime, mit vorbittlichen
ſchreiben an E. Ehrwürden vff erhaiſchenden
fall, willfärig zu erſcheinen nicht ſollen vnter-
laſſen, gelanget hierauff an E. Ehrwürden
mein nachbarlich ehrenfreundlich bitt, dem eu-
rigen, vff verwaigernng der gütter in ernſt zu
verſchaffen, das er ſich mit dem armen vnd
ſonſt verlaſſenen waiſen der billigkeit nach
ver-

vertrag, oder aber das seinige one Mängel vnd
Abgang wiederumb erstatte. bin ich Amtshal-
ben in dergleichen vnd andern zutragenden fäl-
len, gegen E. Ehrwürden Schuzverwannten
zu der gebür nachbarlich, für meine Person aber
Ehrenwillig zu beschulden allezeit bereit, götli-
cher gnad beuehlendt, Datum den 1 Maij
1581.

Hannß Humel, Castner zu Roth.

D. Von dem Richter zu Kazwang.

Mein freundlich nachbarlich willig dienst be-
vor Gonstiger Herr Nachbar Hoffmaister, es
zaigt mir mein amptzverwandter Malmüller an,
es hab Bastel Kaiser, bey Hanns Stadel ein-
zunehmen, von wegen eines rosses, dieweyl Jme
denn Bastel Kaiser soviel als 4 fl. j ort schul-
dig ist, So gelanget an euch mein freuntlich
bitt, Jr wolt Jme solch gelt Innen behalten,
Solches bin ich in dergleichen, nachbarlich
wieder zu verdienen vrbüttig, geben Kazwang
den 4 Maij des 1591 Jahrs.

Hannß Bergner, Richter daselbst.

Inscriptio. Dem Erbarn Hannsen Haiden,
Richtern, vnd Hoffmaister in Closter büllen-
rewt, meinem gönstigen Herrn Nachbarn.

§. 26.

Ein vor dem Gericht zu Pillenreuth

errichteter Vertrag, de anno 1525 wegen
einer Pfründners Stelle bey dem
Kloster.

Vff heut Erichtag nach Fabian v. Seba-
stian im XXVten Jahr ist für offen gericht kumen
zu

zu Büllenrewt, der Kuntz Wagner an statt der
würdigen Frawen Pröbstin vnd eines gan-
tzen Convents, vnd Eberhard Schneider vnd
Hannß Kulmar sein aiden für In selbs vnd sein
Haußfraw vnd haben begert den vertrag der
gescheen ist, zwischen beden parteyen, von we-
gen einer pfrendt, das man solchen vertrag sol
Inns gerichts buch zu schreiben vnd laut der
Vertrag also:

Wir Veronica Pröbstin, Magdalena
Priorin vnd gemeiner convenz des Closters
zu Pillenreut Eystetter pistumbs, bekennnen
offennlich mit dissem prieff, das wir von wegen
fleissiger pitt, Eberhart schneider, ein Pfründ
versprochen haben vnd versprechen Im auch in
crafft diß prieffs, darum er vns auch verspro-
chen hat, fünff vnd sechzig gulden reinisch, die
vnß Niclas paur der dem obgemelten eberhart
schuldig ist, vnd Im seinen Hof abkaufft hat,
vnd Niclas paur vnß versprochen hat, zu zal-
len, alle Jar zehen Gulden daran zu geben,
so lang piß er vnß bezalt fünf vnd sechzig Gul-
den, die ander sum nimpt Eberhart schnei-
der zin vnd solichs ist gescheen, mit Verwilli-
gung seiner Tochter vnd eiden seßhaft zu kaz-
wang, ob Eberhart mit tod abgieng ee dan wir
gar bezallt seindt, so sollen wir solche obgedachte
Sum einnemen von Niclaus pauern, vor
menniglich vngehindert, vnd der hoff darauff
Niclas Pauer siezt, soll vnser vnderpfandt sein,
so lang biß mir bezalt sindt, welches aigentum so
vnser ist. Es hat sich auch Eberhart verspro-
chen, nach seinem Vermögen zu arbeitten vnd

G   in

vertrag, oder aber das seinige one Mängel vnd
Abgang wiederumb erstatte, bin ich Amtshal-
ben in dergleichen vnd andern zutragenden fäl-
len, gegen E. Ehrwürden Schuzverwannten
zu der gebür nachbarlich, für meine Person aber
Ehrenwillig zu beschulden allezeit bereit, götli-
cher gnad beuehlendt, Datum den 1 Maij
1581.

Hannß Humel, Castner zu Roth.

D. Von dem Richter zu Kazwang.

Mein freundlich nachbarlich willig dienst be-
vor Gonstiger Herr Nachbar Hoffmaister, es
zaigt mir mein amptzverwandter Malmüller an,
es hab Bastel Kaiser, bey Hanns Stadel ein-
zunehmen, von wegen eines rosses, dieweyl Jme
denn Bastel Kaiser soviel als 4 fl. j ort schul-
dig ist, So gelanget an euch mein freuntlich
bitt, Jr wolt Jme solch gelt Innen behalten,
Solches bin ich in dergleichen, nachbarlich
wieder zu verdienen vrbüttig, geben Kazwang
den 4 Maij des 1591 Jahrs.

Hannß Bergner, Richter daselbst.

Inscriptio. Dem Erbarn Hannsen Haiden,
Richtern, vnd Hoffmaister in Closter büllen-
rewt, meinem gönstigen Herrn Nachbarn.

§. 26.

Ein vor dem Gericht zu Pillenreuth
errichteter Vertrag, de anno 1525 wegen
einer Pfründners Stelle bey dem
Kloster.

Vff heut Erichtag nach Fabian v. Seba-
stian im XXVten Jahr ist für offen gericht kumen

zu Bůllenrewt, der Kuntz Wagner an ſtatt der
wůrdigen Frawen Pröbſtin vnd eines gan-
tzen Conuents , vnd Eberhard Schneider vnd
Hannß Kulmar ſein aiden fůr Jn ſelbs vnd ſein
Haußfraw vnd haben begert den vertrag der
geſcheen iſt, zwiſchen beden parteyen, von we-
gen einer pfrendt, das man ſolchen vertrag ſol
Jnns gerichts buch zu ſchreiben vnd laut der
Vertrag alſo:

Wir Veronica Pröbſtin, Magdalena
Priorin vnd gemeiner conuenz des Cloſters
zu Pillenreut Eyſtetter piſtumbs, bekennnen
offennlich mit diſſem prieff, das wir von wegen
fleiſſiger pitt, Eberhart ſchneider, ein Pfrůnd
verſprochen haben vnd verſprechen Jm auch in
crafft diß prieffs, darum er vns auch verſpro-
chen hat, fünff vnd ſechzig gulden reiniſch, die
vnß Niclas paur der dem obgemelten eberhart
ſchuldig iſt, vnd Jm ſeinen Hof abkaufft hat,
vnd Niclas paur vnß verſprochen hat, zu zal-
len, alle Jar zehen Gulden daran zu geben,
ſo lang piß er vnß bezalt fünf vnd ſechzig Gul-
den, die ander ſum nimpt Eberhart ſchnei-
der ein vnd ſolichs iſt geſcheen, mit Verwilli-
gung ſeiner Tochter vnd eiden ſeßhaft zu kaz-
wang, ob Eberhart mit tod abgieng ee dan wir
gar bezallt ſeindt, ſo ſollen wir ſolche obgedachte
Sum einnemen von Niclaus pauern, vor
menniglich vngehindert, vnd der hoff darauff
Niclas Pauer ſiczt, ſoll vnſer vnderpfandt ſein,
ſo lang biß mir bezalt ſindt, welches aigentum ſo
vnſer iſt. Es hat ſich auch Eberhart verſpro-
chen, nach ſeinem Vermögen zu arbeitten vnd
G   in

in vnſer trew zu ſein, dargegen verſprechen
wir Jm auch alſo alle tag ein Maas piers vnd
zu eſſen ein Notturfft, nach vnſerm Vermögen
vnd ſoll ſein Lebenlang von vnß vnuertrieben
ſein, dargegen begeren wir auch das er ſich mit
vnß vnd den vnſern auch friedlich vnd geruſam
halten woll, ſolcher Vertrag iſt geſcheen, in
peyweſen Frawen Veronica Pröbſtin, Mag-
dalena Priorin, Anna Schenkin, Kunigunda
Müllnerin, Barbara Fürerin, Magdalena
Kreßlin Schaffnerin, vnd vnnſers capellans
Herrn Othmars Müllner, Hannß Schober,
Herrenknechts, Hannß Hell von Wozelndorf
vnd Eberhart Schneiders vnd ſeiner tochter vnd
eyden mit Namen Hannß Kulmann von Caz-
wang. Des zu waren Vrkundt vnd ſicherheit,
ſo geben wir Eberhart Schneider, dieſen prieff,
mit vnnſers Conuentz Inſigell, der geben iſt am
Suntag nach Partolomäi des hailigen Zwelff-
potten den ſib vnnd zueinczigſten tag des Auguſti
als man zalt von Chriſtus gepurt 15. 25. Jars.

Hat auch verſprochen ſein pettgewant hie
her zupringen ſollichs ſoll er auch tun vnd ein-
antwurtten.

§. 27.

Von dem Siegel des Conuents.

Auf dem Siegel des Conuents, welches
das Titulblat vorweiſet, wird die Scheidung,
oder das Abſterben der Jungfrau Maria vor-
gebildet. Das Kind, welches der Heyland
auf

auf dem linken Arm hält, stellet die Seele der
Mariä vor, die Er bey seiner Ankunft vor ih-
rem Sterbe-Bette aufgenommen und sogleich
nach ihrer Begräbnus, dem erweckten Leib wie-
der zugesellet. Siehe von der Mariä Schie-
dung und Himmelfarth mehreres, in Ioh. Frid.
Maieri diff. de Conuentu apostolorum ad mor-
tem Mariae, Lipf. 1671. Die Feyer von Ma-
riä Schiedung fället auf den 15ten Augusti
ein. Stehe Haltaufii Calendarium medii aeui,
p. 116. §. 50. Die Umschrift des Siegels
heisset ✝ Sigillum Conuentus in Pillenreyt.
Man gebrauchte dieses Siegel, wann eine
Handlung, in dem Namen eines ganzen Con-
uents muste bestättiget werden. Nicht einmal
die Pröpstin kunnte allein dazu gelangen, son-
dern muste warten, biß die zwo übrigen Amts-
Schwestern, ihre Schlüssel zur Stelle brach-
ten. Doch scheinet es, die Pröpstin habe ein
besonderes Siegel geführet, womit sie diejeni-
gen Befehle besiegelt, welche sie eigenmächtig
kunte vollziehen lassen. Die Frau Anna Schlüs-
selfelderin, welche von a. 1493 biß 1510 Pröp-
stin gewesen, bediente sich eines länglichen Sie-
gels, welches die Verkündigung des Engel
Gabriels vorstellete, mit der Umschrift: * * Si-
gillum prepositure Anne Schlüffelfelderin. Die
letzte Schaffnerin Frau Margaretha Burck-
hardin, führete wie ihre Amts-Vorgängerin
Frau Agatha Steurerin, ein kleines Siegel,
welches Mariam coronatam et radiatam, mit
dem Jesus-Kindlein, abgebildet hat.

§. 28.

Bey dem Kloster Pillenreuth, wird ein Hauß für die Büsserinnen oder Reuerinnen erbauet.

Nicht alle Frauens-Personen können in einen Orden tretten und sich darinnen einkleiden lassen. Davon sind auch diejenigen ausgenommen, von welchen man weiß, daß sie kein züchtiges Leben geführet. Doch, weil diese ausschweifende Personen, nicht selten zu Erkänntnuß ihrer Sünden gekommen, und gerne ihr Leben in der Stille beschlüssen wollten, ist ihnen zum Besten, der Maria Magdalena Orden gestiftet worden. Personen, welche in diesen Orden getretten, nennete man Conuertitas, Reuerinnen, Büßerinnen.

Herr Conrad Künhofer, aller Facultaeten Doctor und Pfarrer bey st. Laurenzen in Nürnberg, hat a. 1477 in seinem Testament verordnet, daß von seiner unverschasten Haab, als weit dieselbige reichen würde, sollten ewige Zinnße gekauffet werden, zu Unterhaltung 3 oder 4 Personen, die nicht heimlich sondern öffentlich in dem gemeinen Frauen-Haus ein sündlich Leben geführet haben und sich bekehren und die übrige Lebens-Zeit in Buß hinbringen wollten, also, daß diese Büßerinnen in einem Hauß beyeinander wohnen möchten. Die Reguln und Statuten, nach welchen diese Büßerinnen sollten regieret werden, hat er denen 3 Obristen Hauptleuten des Raths zu Nürnberg anbefohlen.

len. Hierauf ließen die damaligen 3 Obriſte
Stadt-Hauptleute, Herr Ruprecht Haller,
Herr Niclas Groß und Herr Gabriel Nützel,
eine Clauſen und Behaußung, zur Wohnung
und Aufenthalt der Büßerinnen, mit allen da-
zu gehörigen Nothdürftigkeiten bauen. Die-
ſes Büßer-Haus, muſte nachgehends die Pröp-
ſtin, und das Convent, auf ihre Koſten in dem
Bau erhalten. So haben auch die Herren
Obriſt-Hauptleute, in der Loſung-Stuben
zu Nürnberg erkaufet 150. fl. Rheiniſcher Lan-
des-Wehrung ewiger Zinnße, auf einen Wie-
derkauf, daß ein jeder Gulden mit 25 fl. ſollte
ablößlich ſeyn, und ſolche jährliche 150 fl. der
Pröbſtin und Priorin zugeeignet. Dargegen
haben ſich Walburg Volkamerin Pröpſtin und
Catharina Ludwigin Priorin, ſamt dem gan-
zen Convent verſchrieben, mit Willen, Wiſ-
ſen, und Vergünſtigung Burgermeiſter und
Raths zu Nürnberg, wie folget:

1. Demnach die drey Obriſte Hauptleute,
eine Behauſung bey ihrem Kloſter Pillenreuth
bauen laſſen und vier Büßerinnen darein ver-
ordnet, ſollen die Pröpſtin und das Convent,
dieſelbe, auch die von Ihnen praeſentiret wer-
den inskünftige, annehmen, und nach gethaner
Profeſſion oder Gehorſam, ſie halten als an-
dere Layen-Schweſtern.

2. Die Praeſentirte ſollen zur Prob, ein
Jahr lang, die Wahl behalten, ob ſie in ſol-
chem Büßer-Leben verbleiben wollen oder daſ-

G 3 ſelbige

selbige wieder verlaſſen? wann ſie geſchickt dazu
befunden werden, ſollen ſie Profeſs thun.

3. Wann eine vor ihrer Profeſs ſich eines
ſträflichen Lebens betreten laſſen und übel ver-
halten, und von denen Obriſt-Hauptleuten und
Conuent abgeſchaffet würde, ſo iſt erlaubt eine
andere an ihre Stelle aufzunehmen, alſo daß
derer Büſſerinnen allezeit 4 an der Zahl verblei-
ben, die mit zeitlicher Nothdurft, Eſſen, Trin-
ken unterhalten werden müſſen, nach des
Kloſters Gewohnheit.

4. Dem Beicht-Vatter, der dieſe Büſſerin-
nen mit guter Lehr unterweißet, ſoll von dem
Conuent, alle Quartal, ein Gulden gereichet
werden.

5. Wenn von dem Rath die 150 fl. abgelö-
ſet würden, wie ihm der Rath, ſolches zu thun
ſich vorbehalten, ſo ſoll doch das Geld ſo lang
in der Loſung-Stuben bleiben, biß es anderer
Orten um Gült und Zinnß wieder angeleget
wird, und die Obriſte Hauptleute, dem Kloſter am
beſten und nutzlichſten zu ſeyn erachten werden;
inmittelſt aber ſollen dem Conuent nichts deſto
weniger die Zinnße bezahlet werden.

6. Wann ſie bey dem Kloſter dieſe Büſſerin-
nen, der Gebühr nach nicht unterhalten wür-
den, ſollen die Obriſte Hauptleute, dieſe Zinn-
ße zu reichen, nicht ſchuldig ſeyn, ſondern mö-
gen dieſelbige an andere Orte verwenden, auch

Macht

Macht haben, die Gebäude dieser Claußen wie-
der abbrechen zu laſſen. Datum unter der
Pröbſtin und Conuents Jnnſiegel, ♀ nach un-
ſerer Frauen Tag, Wurzweyh genennet.

Anmerkungen. Herrn Konrad Könhofers Le-
benslauf hat der fürtreſliche Herr Profeſſor Will, in
dem Nürnbergiſchen Gelehrten Lexico, Tom. II.
p. 373. und die Diptycha Eccleſiae Laurentianae p.
35. ſeq. mitgetheilet.

Frauenhauß. Jn Nürnberg, wurde etlich hun-
dert Jahr lang ein Bordel toleriret. Um der vielen
Unordnungen willen, und wegen der böſen Nach-
rede, welche dem Nürnbergiſchen Frauenzimmer da-
durch zugewachſen, muſten endlich a. 1562. Samſtag
den 21. Martii auf Befehl des Hochlöblichen Magi-
ſtrats, alle gemeine Weiber, ſamt dem Wirth, das
Bordel-Hauß räumen, und noch vor Untergang der
Sonnen, aus der Stadt entweichen. Der Gaſſen,
in welcher dieſes Hauß geſtanden, iſt biß auf gegen-
wärtige Zeiten, der Namen Frauengäßlein, verblie-
ben. Die Frauen-Häuſer wurden an manchen Orten
denen Feudis beygerechnet. Jn Buderi amoenitatibus
Iuris Feudalis iſt num. XIV. p. 95. ſeq. eine artige
Abhandlung, de Inueſtitura, cum Lucris cellarum
Meretriciarum, die Frauenhäuſer genannt, anzutreffen.

Worzweyh. Das iſt, das Feſt der Himmelfarth
Mariä. Siehe Haltauſii Calendarium medii aeui
p. 116. ſeq.

§. 29.

Päpſtliche Erlaubnis bey denen Nürn-
bergiſchen Klöſtern, ſomit auch bey Pillen-
reuth, ein Büſſer-Hauß zu bauen.

Sixtus Epiſcopus Servus Servorum Dei, ad
perpetuam rei memoriam. ſincere devocionis af-
fectus, quo dilecti filii Magiſtri ciuium procon-

ſulea

ſules et Conſules opidi Nurmbergenſis , Bam-
bergenſis diocefis , nos et ſedem apoſtolicam
profecuntur, nos inducit, ut votis eorum , qui-
bus prefertim Caritatis opera exercentur et ho-
neſtati ac indigenciis feminei ſexus prouidetur,
et religionis propagacio procuratur , favorabili-
ter annuentes hiis libenter adiiciamus miniſterii
noſtri partes, dudum ſiquidem per nos accepto ,
quod Sancte Clare, eiusdem ſancte, et ſancte Ca-
therine ſancti auguſtini ſub cura et ſecundum in-
ſtituta fratrum predicatorum vivencium intra ,
et beate marie virginis in Pildenrevvt, eiusdem
ordinis ſancti auguſtini , ſub cura et ſecundum
inſtituta Canonicorum regularium dicti ſancti
auguſtini per prepoſitiſſam ſoliti gubernari ac
Grinlach (Gründlach) Cyſtercienſis ordinum
monaſteriorum extra muros opidi Nurmber-
genſis dicte Bambergenſis et Eyſtetenſis dioceſ.
in locis temporali Dominio magiſtris ciuium
et Conſulibus opidi Nurmbergenſis prefati ſub-
iectis conſtitutorum et que eatenus ſub tutela et
defenſione prefatorum magiſtrorum ciuium et
Conſulum eſſe conſueverunt facultates pro re-
cipiendis ſororibus et monialibus ad domos et
monaſteria predicta confluentibus congrue non
ſuppetant facultates , auctoritate apoſtolica
ſtatuimus et ordinavimus , quod de cetero per-
petuis futuris temporibus in monaſteriis prefatis
ſorores et moniales recipi non poſſent , niſi pro-
uti illorum facultates ſuppeterent , et quod mu-
lieres dicti opidi et indigene dumtaxat et non
alie in ſorores et moniales domorum et mona-
ſteriorum eorundem recipi et admitti deber ,
ac

ac fororibus et monialibus domorum et mona-
fteriorum eorundem in virtute fancte obediencie
diftricte precepimus atque mandavimus, neali-
quam in fororem et monialem domorum et
monafteriorum huiusmodi contra decretum fta-
tutum et ordinacionem huiusmodi recipere feu in
talem admittere prefumerent, prout in noftris in
de confectis literis plenius continetur. Cum ita-
que ficut exhibita nobis nuper pro parte dicto-
rum magiftrorum ciuium proconfulum et Con-
fulum peticio continebat ipfi zelo deuocionis
ducti cupiant prope unum ex dictis monafte-
riis aliquam domum pro receptione mulierum,
que vitam meretriciam et inhoneftam duxerint,
et ea vita relicta penitere et profeffionem face-
re, ac honefte vivere voluerint, cum omnibus
neceffariis officinis conftrui et edificari facere
ac tam per eos, quam per alios Chrifti fideles
domos prope alia eadem monafteria ad ufus
prefatos conftrui poffe fperent, pro parte di-
ctorum magiftrorum ciuium proconfulum et
confulum nobis fuit humiliter fupplicatum, ut
pro nunc unam et dum eis ac aliis fidelibus
prefatis oportunitas et facultas fe obtulerit, alias
domos prope monafteria prefata conftrui et edi-
ficari facere valeant nec non fuperioribus et
aliis monialibus ac fororibus monafteriorum
predictorum dictas mulieres in fuis monafteriis
ad profeffionem iuxta illorum inftituta regula-
ria, etiamfi tales mulieres de dicto opido
oriunde vel indigene non fuerint recipere et ad-
mittere ac ipfis mulieribus emendandis ut poft
profeffionem huiusmodi per eas emittendam

G 5 extra

extra dicta monasteria et in eisdem construendis domibus sub cura et regimine illorum sub quibus monasteria ipsa et illorum sorores et moniales existunt respectiue remanere libere et licite valeant, statuere et ordinare ac aliis in premissis oportune prouidere, de benignitate apostolica dignaremur. Nos, qui cunctarum religionum propagacionem et Christi fidelium salutem et quietem appetimus huiusmodi supplicationibus inclinata, quod dicti magistri ciuium proconsules et Consules unam, et dum eis et aliis fidelibus prefatis, oportunitas et facultas se obtulerit alias domos prope singula monasteria prefata construi et edificari, facere valeant, et mulieres ipsas postquam in eisdem edificandis domibus annum probationis peregerunt superioribus et aliis monialibus monasteriorum predictorum dictas mulieres emendandas in suis monasteriis ad professionem iuxta illorum statuta regularia eciam si tales mulieres de dicto opido oriunde vel indigene non fuerint, recipere et admittere, ac ipsis mulieribus emendandis, ut post professionem huiusmodi per eas emittendam extra dicta monasteria et in eisdem construendis domibus sub cura et regimine illorum, sub quibus monasteria ipsa et illorum sorores et moniales existunt respectiue perpetuo remanere libere et licite in futurum possint, auctoritate apostolica, tenore presencium in perpetuum statuimus pariter et ordinamus. Non obstantibus constitutionibus et ordinacionibus apostolicis nec non prioribus voluntate et ordinacionibus huiusmodi statutisque et consuetudini-

tudinibus monaſteriorum et ordinum predicto-
rum iuramento confirmacione apoſtolica vel
quavis firmitate alia roboratis ceterisque con-
trariis quibuscunque. Nulli ergo omnino ho-
minum liceat hanc paginam noſtrorum ſtatuti et
ordinacionis infringere vel ei auſu temerario
contraire. Si quis autem hoc attemptare pre-
ſumpſerit indignacionem omnipotentis Dei ac
beatorum Petri et Pauli apoſtolorum eius ſe no-
verit incurſurum. Datum Rome apud ſanctum
Petrum anno Incarnacionis Dominice Mille-
ſimo quadringenteſimo ſeptuageſimo octavo,
ſexto nonarum Maii (die 2 Maii) pontificatus
noſtri anno ſeptimo.

Anmerkung. Servus Servorum. Von dieſer Be-
nennung des Papſtes, hat Joh. Fried. Mayer zu Wit-
tenberg 1685. eine Abhandlung geſchrieben, welche den
Titul führet: diſſ. de titulo Pontificis: Servus Ser-
vorum.

§. 30.
Die Büſſerinnen zu Pillenreuth wer-
den abgeſchaft.

Aus dieſer Stiftung iſt der gehofte Nutzen
ſelten erfolgt. Die Büſſerinnen, welche auf
einmal von den Leuten abgeſondert und ver-
ſchloſſen gehalten wurden, haben ſich unge-
ſchickt und ungeſtümm verhalten, und etliche
ſind gar in Wahnwitz verfallen. Den Klo-
ſterfrauen iſt dadurch viel Verdruß zugewach-
ſen, weswegen ſie bey denen Herren Obriſt-
hauptleuten groſſe Klage geführet. Dieſe und
das Convent haben ſich endlich dahin mit-
einander

einander verglichen, daß man die in dem Büſ-
ſerhauß befundene Frauen, mit einer Eheſteuer
abgefertiget, und die Wohnung dem Kloſter
zum Gebrauch überlaſſen. Actum den 12 Iu-
nii 1539.

§. 31.

Papſt Leonis X. Indulgenz-Brief, wel-
chen er Frauen Urſula Löffelholzin, Kloſter-
frauen zu Pillenreuth, und für andre ihre
gute Freundinnen ertheilet.

Beatiſſime Pater, ut animarum ſaluti de-
votorum veſtrorum Vrſule Loffelholzin mulie-
ris ac duodecim perſonarum presbyterorum,
clericorum et Laicorum utriusque ſexus per
eam ſemel nominandarum (quarum Vero-
nicam prepoſitiſſam monaſterii monialium
in Pillenreut pro quarta, Kunegundin Mul-
nerin, pro quinta, Dorotheam Vegtin pro
undecima, et Eliſabeth Pergnerin pro duode-
cima, perſonis nominavit et nominari voluit,
Reſervatis aliis in transumpt. aliis quomodo-
libet nominatis et nominandis) Aiſtatenſis ſeu
alterius diœceſis Conjugatorumque eorundem
uxorum ac cuiuslibet ipſorum utriusque ſexus li-
berorum ſalubrius conſulatur, ſupplicant humili-
ter ſanctitati veſtre oratores prefati. Quatenus ſi-
bi ſpecialem graciam facientes ut confeſſor ido-
neus ſecularis vel cuiusvis ordinis regularis pres-
byter quem quilibet ipſorum duxerit eligendum,
Ipſos et eorum quemlibet a quibusvis excom-
municationis ſuſpenſionis et interdicti aliisque
ecclesia-

ecclefiafticis fententiis, cenfuris et pœnis a iure
vel ab homine quavis occafione vel caufa latis,
Ac votorum quorumcunque et ecclefie man-
datorum transgreffionibus periuriorum et ho-
micidii cafualis vel mentalis reatibus, manuum
violentarum in quafvis etiam ecclefiafticas per-
fonas, non tamen Prelatos, de preterito Iniectio-
nibus, jejuniorum, horarumque Canonicarum
et aliorum diuinorum officiorum penitencia-
rumque iniunctarum in toto vel in parte omif-
fionibus omnibus et fingulis aliis eorum pecca-
tis criminibus exceffibus et delictis quantum-
cunque gravibus et enormibus, de quibus cor-
de contriti et ore confeffi fuerint, Etiam fi talia
forent, propter que fedes apoftolica merito fo-
ret confulenda, De refervatis exceptis in Bulla
cene Domini contentis femel in vita et in mor-
tis articulo, De aliis vero cafibus, eidem fedi
non refervatis, totiens quotiens opus fuerit
abfoluere et penitenciam falutarem iniungere,
vota vero quecunque Vltramarina vifitationis
liminum Apoftolorum Petri et Pauli de urbe at-
que Iacobi in Compoftella, nec non Religionis
ac caftitatis votis duntaxat exceptis in alia pie-
tatis opera commutare et iuramenta quecunque
fine iuris alieni preiudicio relaxare, Ac femel
in vita et in mortis articulo plenariam omnium
peccatorum fuorum remiffionem et abfolutio-
nem auctoritate apoftolica impendere valeat:
Liceatque cuilibet oratorum Nobili aut gradua-
to vel presbytero Altare portatile cum debitis
reuerentia et honore fuper quo in locis ad id
congruentibus et honeftis etiam non facris et-

iam

iam auctoritate ordinaria interdictis dummodo
caufam non dederint huiusmodi interdicto etiam
antequam elucefcat dies circa tamen diurnam
lucem in fua ac familiarium fuorum domeftico-
rum prefencia Miffas et alia diuina officia cele-
brari facere ac per fe, qui presbyteri fuerint
celebrare illisque intereffe, Ac Euchariftiam et
alia facramenta Ecclefiaftica fine rectorum pre-
iudicio et preterquam in pafchate ubicunque re-
cipere, Et corpora eorundem inibi deceden-
tium ecclefiaftice tradi poffint fepulture, Abs-
que tamen funerali pompa, Preterea unam vel
duas ecclefias aut duo vel tria altaria Quadrage-
fimalibus aliisque diebus Stationum urbis ubi-
libet vifitando tot et fimiles indulgentias et pec-
catorum remiffiones confequantur, quas con-
fequerentur, fi fingulis diebus eisdem fingulas
dicte Vrbis et extra eam ecclefias propter ftatio-
nes huiusmodi vifitari folitas perfonaliter vifi-
tarent.   Quodque eisdem ac aliis prohibitis
diebus Ouis Butiro Cafeo et aliis lacticiniis ac
carnibus, de utriusque medici confilio uti vefci
et frui absque confcientie fcrupulo. Ceterum
ut fingule oratrices prefate, una cum aliis qua-
tuor honeftis mulieribus quater in anno que-
cunque monafteria monialium cuiusvis, etiam
fancte Clare ordinis, de inibi prefidentium licen-
tia ingredi et dummodo ibidem non perno-
ctent cum eisdem monialibus converfari poffint
concedere et indulgere dignemini de gratia fpe-
ciali non obftantibus Conftitutionibus et ordi-
nationibus apoftolicis et Cancellarie apoftolice
regulis ceterisque contrariis quibuscunque,

Et

Et de refervatis femel in vita et in mortis articulo premiffis exceptis.

Et de non refervatis cafibus huiusmodi, totiens quotiens opus fuerit.

Et de commutatione votorum, et relaxatione Iuramentorum ut fupra.

Et de plenaria remiffione femel in vita et in mortis articulo ut fupra.

Et de altari portatili cum claufulis et in locis ante dictis.

Et de diuinis intereffendo facramenta recipiendo et fepeliendo ut fupra.

Et de indulgentiis ftationum predictarum vifitando ut fupra.

Et de Efu carnium, Ovorum, Cafei, Butiri et aliorum lacticiniorum ut fupra.

Et de ingreffu monafteriorum predictorum vifitando ut fupra.

Et cum derogatione Regularum ante dictarum ita ut non obftent.

Et quod prefencium tranfumptis manu notarii publici fubfcriptis et figillo alicuius prelati aut perfone in dignitate ecclefiaftica conftitute munitis, fides ubique detur et feparatim pro quolibet omiffis aliis fieri poffint,

Et quod prefens indultum duret ad vitam cuiuslibet oratorum,

Et

Et quod prefentis fupplicationis fola ubique fignatura fufficiat.

Conceffum ut petitur in prefentia Domini noftri pape

Petrus Cardinalis S. Eufebii.

A. de Burgis.   Henr. de Bufleno.

Ioh. Copis corrector.

Nos Wolfgangus permiffione diuina Abbas monafterii fancti Egydii Nurmbergae ordinis fancti Benedicti Bambergen. dioecefis, univerfis et fingulis prefens publicum tranfumptum infpecturis lecturis feu legi audituris falutem in domino fempiternam. Notum facimus per prefentes quod literas originales Confeffionalis quarum copia preinferitur cum ifta claufula (et quod prefentium tranfumptis etc.) vidimus, tenuimus et diligenter infpeximus Illasque de manu Reverendiffimi in Chrifto patris et Domini Domini Petri tituli fancti Eufebii presbyteri Cardinalis, in prefentia domini noftri pape fignatas reperimus. Idcirco fuimus pro parte Venerabilis Domine Veronice prepofitiffe in pillenreut ac Kunegundis Mullnerin, Dorothee Vogtin et Elifabeth Pergnerin fororum eiusdem monafterii profeffarum per prefatam Vrfulam Löffelholzin principalem nominatricem nominatarum debita cum inftantia requifiti. Easdem tranfumi et in hanc publicam formam redigi mandavimus nominaque oratricum iuxta vim pretacte claufule inferui-

inferuimus. Decernentes infuper prout idem Dominus noſter Papa decreuit huic publico tranſumpto talem et tantam fidem fore adhibendam, qualis et quanta dictis literis originalibus adhiberetur, ſi in medium producerentur. In quorum fidem preſentes literas fieri et per Notarium publicum infra ſubſcribi curavimus, ſigillique noſtri iuſſimus appenſione communiri. Datum et actum Nurmberge in domo Abbaciali noſtre ſolite reſidentie, ſub anno a Natiuitate Domini Milleſimo quingenteſimo decimo quinto Indictione tertia pontificatus ſanctiſſimi in Chriſto patris et Domini noſtri Domini Leonis diuina prouidentia pape decimi, anno eius tertio, die vero Martis viceſima quarta menſis Iulii, preſentibus ibidem honorabilibus et diſcretis viris Iacobo Weilhamer de Wilpaden, et Leonhardo Engelſchalk de auguſta clericorum ſpirenſ. et auguſtenſ. diocesium teſtibus ad premiſſa vocatis et rogatis

> Iohannes im garten Notarius
> ſubſcripſit.

Anmerkungen. Dieſer vidimirte Indulgenz-Brief, war mit ſchönen Figuren bemahlet. Die Worte beatiſſime Pater ſind groß und mit Gold geſchrieben geweſen. In dem B. war das Bildnuß Petri zu ſehen. Nach dem Wort beatiſſime, præſentirte ſich das Schweiß-Tuch der Veronica und in demſelben das Angeſicht des Salvatoris ganz ſchwarz. Zur Seite des Worts Pater iſt des Papſtes ſein Stamm-Wappen, das Mediceiſche, angebracht geweſen. Nach dem Schluß der Schrift, über den ganzen Pergamentenen Brief hin, ſahe man ein grünendes Terrain, auf welchem die Veronica, Kunigunda, Dorothea

H   thea

thea und Elisabetha gestanden. Vor jeder dieser heili-
gen Frauen kniete eine Nonne, mit gefaltenen Händen,
in weiß gekleydet und in dem schwarzen Haupt-
Schleyer verhüllet. Die Kloster-Frau, welche vor der
Elisabetha, in der Augustinerinnen Kleydung auf denen
Knien lag, hatte nur einen weissen Kopf-Schleyer, über
der Kutten ein schwarzes scapulare, welches mit einem
dergleichen cingulo, um den Leib zusammen gehalten
wurde. Scheinet der concipient habe auf die Namen,
der in dem Indulgenz-Brief benennten 4. Klosterfrauen
alludiren wollen.

Siegel, abhangendes des Abts, ist in einer gelben
Capsel, auf rothem Wachs aufgedruckt gewesen.

Ursula Löffelhölzin. Sie ist a. 1494, als eine po-
stuma geboren. Ihr Herr Vatter war, Hanns Löf-
felholz, die Frau Mutter, Ursula, eine geborne Schlüs-
selfelderin.

§. 32.
Ein Evangelischer Priester wird nach
Pillenreuth verordnet.

Als sich die Reformation in dem Nürnber-
gischen Gebiete angefangen, so sorgte Ein
Hochedler Rath der Stadt Nürnberg, daß
auch die Klosterfrauen zu Pillenreuth, mit ei-
nem geschickten Priester möchten versehen wer-
den, damit sie durch dessen Unterricht aus
GOttes Wort, zu Erkänntnis ihres Heyls
gebracht würden. Daß dieser Priester seine
subsistenz hätte, handelte der Rath mit denen
Hornischen-Geschäfts-Vormündern, der st. An-
nen-Capelle, demselben Priester, jährlich 20 fl.
Aufhebens zu verordnen, Actum, 6 Martii A.
1522. Hierzu wolten sich die Hornischen testa-
ments-executores, sonder consens ihres ordi-
narii,

narii, anfänglich gar nicht verstehen. Nach-
dem man Ihnen aber die Versicherung gege-
ben, man wolte sie vertretten, wann sie
deswegen jemand belangen thäte, zu dem auch
Herr Johann Honers, vicarius der st. Annen-
Capelle, den 8 Martii besagten Jahrs, dieses An-
sinnen bewilliget, so wurden die begehrte 20 fl.
zu Unterhaltung des Priesters, von denen Hor-
nischen testaments-executoribus williglich an-
gelanget.

§. 33.
Priester sollen nach Eichstädt
præsentirt werden.

Bischof Gabriel zu Eichstädt, will keine
Evangelische Prediger in Pillenreuth einführen
lassen. Er meldet deswegen in einem Schrei-
ben, an den Rath zu Nürnberg, wie er ver-
nommen, daß man von Nürnberg, statt des
verstorbenen Beichtvatters, einen andern Prie-
ster nach Pillenreuth gesetzet, so der lutherischen
Lehr verdächtig sey. Er begehre, daß ihm sol-
cher præsentirt würde, denn ihm gebühre seines
bischöflichen Amts wegen Einsehen zu haben.
Denn obwohln er dem Rath die weltliche Ob-
rigkeit über das Kloster zugestehe, so gehöre
doch ihme die geistliche Iurisdiction zu, daran
solte man ihn, vermög bündischer Ordnung,
nicht turbiren; er werde sich sonsten seines bi-
schöflichen Amtes gebrauchen, wolte sich auch
zur neuen Lehre nicht bringen lassen, er werde
dann von einem gemeinen Concilio anders an-
gewiesen. Datum Mitwoch nach dem Palmtag
a. 1525.

§. 34.

Die Nonnen retiriren sich im Bauren-Krieg nach Nürnberg.

Als in Franken wegen der tumultuirenden Bauren, alles unsicher wurde, so hatte Ein Hochedler Rath zu Nürnberg, zween aus ihrem Collegio, nemlich Herrn Martin Geuder und Herrn Christof Kohler nach Pillenreuth geschicket, mit denen dasigen Klosterfrauen, wegen der nöthigen Sicherheit zu handeln. Man gab ihnen zu bedenken, wie man bey diesen unruhigen und gefährlichen Zeiten, den Convent nicht wüste zu schützen. Darum, ihr Leib, Ehr und Gut zu retten, sey Eines Hochedlen Raths Gutdünken, sich in die Stadt zu verfügen, das Kloster samt derselben Gütern und armen Leuten möchten sie ihrem Pfleger zur Verwaltung überlassen, denn wolte E. H. E. Rath ihnen ziemlichen Unterhalt verschaffen, und nirgend in einer Sache Mangel leyden lassen. Wolten aber einige zu ihren Freunden, oder anderswohin ziehen, die würden dazu die Vergünstigung erlangen, und ihnen noch darzu ein gutes Leibgeding nachfolgen. Actum den 10. Maii 1525. Die besorgliche Noth und die Erwägung, daß die Ordensleute, von denen unruhigen Bauren, schon manche Schmach erfahren musten, hat die Pillenreuthischen Klosterfrauen nach Nürnberg getrieben. Sie fanden bey denen Clarisserinnen ihren Aufenthalt, und alles, was sie zu ihrem Unterhalt bedürftig gewesen.

§. 35.

§. 35.

Die Pillenreuther Klosterfrauen sollen ihre Ordens-Kleyder ablegen.

Gleich nach der Ankunft in dem Kloster zu st. Clara, gab man denen Pillenreuthischen Nonnen Unterweisung, wofür sie ihr äusserliches Wesen achten und halten solten. Dieweil sonderlich ihre Kleydung Aufsehen machte und vielen ärgerlich schiene, so wäre der Obrigkeit ihre Meynung diese, daß sie die Ordens-Kleyder innerhalb einer Wochen ablegen, und sich andern Burgers-Töchtern ähnlich kleyden, zur Predig gehen, GOttes Wort hören, und dessen Unterricht annehmen möchten. Hiernächst geschahe nochmalen dieser Vorschlag: welche Chorfrau, sich zu ihren Freunden zu begeben, geneigt sey, der wolte man ein jährliches Gehalt abfolgen lassen, damit sie redlich und ehrlich leben könnten. Wären andere gesonnen, eine Heyrath zu treffen, denen wolte man nebst einer ziemlichen Abfertigung, auch das wieder zurück geben, was sie mit ins Kloster gebracht hätten. *Actum* Erichtag nach dem Pfingstag 2. 1525.

Anmerkung. Erichtag nach dem Pfingstag. Das ist der 6te Junius.

§. 36.

Die Pillenreuther Klosterfrauen, nehmen diesen Vorschlag nicht an, sondern verlangen wieder in ihr Kloster zu wandern.

Alle Vorstellungen mochten bey den Pillenreuther Klosterfrauen, welche sich bey st. Clara

in

in der Retirade befanden, nichts ausrichten.
Die Priorin famt den übrigen Conventsschwe-
ftern, sind einmal nach dem andern, bey dem
Hochlöblichen Rath der Stadt Nürnberg sup-
plicando eingekommen, ihnen den Abzug in ihr
Kloster zu gestatten, und dazu behülflich zu
werden. Man hat daher bey E. Hochedeln
Rath für gut angesehen, denen Nonnen Be-
schaid zu ertheilen, daß man sie nicht mit Ge-
walt von ihren Gütern zu dringen begehre, son-
dern ziehen lassen wolte. Hierauf wurde der
Priorin das Regiment über alle Klöster- und
Kyrchen-Güter zugestellet, und sie, mit ihren
Convent-Frauen wieder nach Pillenreuth gelie-
fert Das Conclusum von diesem zugestande-
nen Abzug ist a. 1525. d. 28. Iunii verabfasset
worden.

§. 37.
Die Klosterfrauen werden examiniret.

Kaum waren die Pillenreuther Kloster-
frauen in ihrer Clausen wieder eingezogen, so
hatte ihnen der Bischof zu Eichstädt, als ordi-
narius, hinwieder einen Beichtvatter zugeschi-
cket, welcher nach altem Gebrauch, den Got-
tesdienst hielte und die Sacramenta verwaltete.
Iezuweilen liessen sie auch einen Meßpfaffen,
aus dem Neuen Spital in Nürnberg, von
Schwobach oder andern Orten, abhohlen, den
Gottesdienst zu verrichten. Bey einem solchen
hartnäckigen Bezeigen vermochte der Evange-
lische Priester nichts auszurichten. Es hat
deswegen Ein Hochlöblicher Rath zu Nürn-
berg, a. 1526. im Ianuario zween ihrer Raths-
Freunde

Freunde Hn. Leo Schürstab und Hn. Christof
Kohler nach Pillenreuth geschicket, alle Klo-
sterfrauen, Layenschwestern und Klostergesind,
jede Person sonderlich, über 15 Fragstücke zu ver-
nehmen. Die Klosterfrauen wolten aber nicht
antworten, sondern sagten, wie sie wegen der
strittigen Lehr, sich nirgend über eine Aende-
rung einlaffen könnten. Was ein allgemeines
Concilium ihnen, nach Erörterung der Irrun-
gen, gebieten würde, das wolten sie befolgen.
Man solte sie nicht irren.

§. 38.

Ein Evangelischer Priester wird aber-
mal nach Pillenreuth geschicket.

Der Evangelische Priester, wider welchen
der Bischof zu Eichstädt §. 33. protestirte, wur-
de auf Gutachten Herrn Andreä Osianders und
Herrn D. Wenzel Linkens, von Pillenreuth
abgefordert und zu einer andern Pfründ bestel-
let. Hingegen Meister Otto, der bey Rath,
für einen gelehrten und bescheidenen Mann ist
angesehen worden, nach dem Kloster verordnet,
und ihm dabey befohlen, mit denen armen un-
berichteten Nonnen und ihrem Gesinde auf das
glimpflichste umzugehen, und sie alle treulich zu
unterrichten. Actum d. 20. Febr. 1526. Die-
ser M. Otto Körber kunte nicht länger bleiben,
dann biß zu Anfang des Novembris, weil ihm
von denen Klosterfrauen und ihrem Gesinde viele
Verdrüßlichkeiten gemacht wurden. Diesem
ungeachtet ließ sie der Rath nicht ohne Evan-
gelischen Prediger, sondern schickten den 26 No-
vembris

H 4

vembris 1526. Carl Oertel, Gerichtschreiber,
nach Pillenreuth, der ihnen einen Priester, Chri-
stof Schreiber genennet, præsentiren muste,
mit dem Anfügen, daß dieser Befehl hätte, nichts
anders zu predigen, als das heilige Evange-
lium und was er, mit dem Wort GOttes be-
währen könnte. Die Pröbstin mit dem Con-
vent haben sich, auf den Bischof zu Eichstädt
beruffen, welcher ihnen bey den Pflichten des
Gehorsams gebotten, nichts Neues anzuneh-
men, sondern vielmehr alle alte Gebräuche bey-
zubehalten. So wäre ihnen auch bedenklich,
einen Prediger bey sich zu haben, der Weib
und Kinder hätte, stünde nicht in ihrem Ver-
mögen, denselben zu unterhalten. Wolte man
ihnen einen unbeweibten Priester schicken, so
könnten sie denselben wohl hören, aber nicht
bey ihm beichten, noch weniger das Sacra-
ment, von demselben, sich reichen lassen.
A. 1536 den 1 Februarii erließ der vicarius zu
Eichstädt, ein Schreiben an die Klosterfrauen,
in welchem er, bey Pön der excommunication
verbotten, in Kyrchengebräuchen, Sacramen-
ten und andern Dingen, nach der Lehr der neuen
Prediger, ohne sonderbare Verwilligung des
Bischofs zu Eichstädt, nichts zu verändern.
Und in einem andern missiv, de dato 26. Sept.
1536. hat er dem Convent erlaubet, weil sie
wegen der einreissenden Lehr-Veränderung,
keinen katholischen Priester bey sich haben dür-
ten, so könten sie von andern Orten her, einen
Priester rufen lassen, welchem er Gewalt ge-
ben wolte, sie, in geistlichen Sachen, nach
Nothdurft zu versehen. Indessen ist bey dem
wider-

widerſpenſtigen Bezeigen der Pillenreuther
Nonnen, eine geraume Zeit verfloſſen, daß
kein Evangeliſcher Prieſter zu ihnen gekommen
iſt. Weil wegen des Unterhalts, der meiſte
Anſtoß ſich hervorgethan, ſo hat ein Hochedler
Rath zu Nürnberg A. 1537. den 17. Septembris
beſchloſſen, den Herrn Blaſius Stöckel, gewe-
ſenen Prior der Carthäuſer, als einen Pre-
diger nach Pillenreuth anzunehmen und zu
beſolden. Auch dieſer gab ſich groſſe Mühe,
die Nonnen zu unterrichten, doch wolte alles
nichts fruchten. Er kam deswegen bey Rath,
mit einer Klagſchrift ein, und zeigte an, wie
die Conventfrauen nicht allein, ſelbs nicht zur
Predig kämen, ſondern auch ihr Hof-Geſind,
ſo daſſelbige zu Zeiten dabey wär, davon ab-
rufen lieſſen, und an denen Feyertägen würden
die Thore geſperret, damit niemand aus denen
naheliegenden Dorfſchaften hinein kommen
könte. Er bezeuget in dieſem Kläglibell, wie
es ihm ganz beſchwerlich, und er es Gewiſſens
halber nicht länger gedulten könnte, daß man
das Wort GOttes alſo verächtlich halten ſolte.
Am Ende bittet er, des Predigens ihn. dieſes
Orts zu entheben, weil es ſonder Frucht bleibe.
Hierauf muſte ſich der Kloſter-Pfleger Herr
Leonhard Tucher, nach Pillenreuth verfügen,
und denen Nonnen, ihren Muthwillen ſcharf
verheben, ſie vermahnen, ſolche Predigen, nicht
zu verachten, das Geſind an dem Beſuch des
Gottesdienſtes nicht zu hindern, das Thor offen
zu laſſen, damit jederman hinein gehen und den
Predigen beywohnen könnte, Actum d. 23. Maii
1538. Die Pröbſtin, Priorin und ganzes Con-

vent, suchten sich, mit weitläuftigen Reden zu
entschuldigen. Sie belegten dazu Hrn. Blasium
Stöckel noch mit mancherley Beschuldigungen,
und baten, sie mit Frieden zu lassen, sie wolten
ihrer Religion und keiner andern abwarten.
Man wurde hierauf bey Rath schlüssig, ihnen,
den hierüber geschöpften Unwillen, anzuzeigen,
Hrn. Blasius aber ließ man ersuchen, noch län-
ger das Beste zu thun, ob etwan GOtt eine gna-
denreiche Stund verleyhen möchte, daß Besse-
rung erfolgte. Würde die Güte bey denen Klo-
sterfrauen nichts helfen, alsdann möchte er es
wieder anbringen, so wolte man ihm Hülfe schaf-
fen. Actum die 20 Iunii a. 1538. Folgende Jahr
sind selten Evangelische Prediger in Pillenreuth
verbleiben. Bischof Moriz zu Eichstädt hat
a. 1550. den 30 Sept. nach Nürnberg geschrie-
ben, wie er in der gehaltenen Kyrchenvisitation
seines Bißthums gefunden, wie das Convent
zu Pillenreuth, zu Verrichtung des Gottes-
dienstes, mit keinem Catholischen Priester ver-
sehen wäre. Er hätte deswegen denen Kloster-
frauen geschaft, sich, mit einem Catholischen
Priester zu verstehen, daß er bey ihnen, alle Dien-
ste verrichtete. Weilen aber dabey Anzeige ge-
schehen, die Caplaney des Gotteshauses, wäre
verarmet, so verlange er, die jährlichen 20 fl.
von dem Hornischen Geschäfte wieder zu reichen.
Die Antwort war kurz: würde für beständig,
ein Evangelischer Priester in Pillenreuth gedul-
tet, so bekäme er diese 20. fl. und noch ein
mehrers zu seiner Unterhaltung.

§. 39.

§. 39.
Das Kloſter Pillenreuth wird geplün-
dert und abgebrannt.

Als A. 1552. Marggraf Albrecht die Stadt
Nürnberg belagerte, ſind die Kloſter-Frauen zu
Pillenreuth nach Nürnberg geflüchtet. Das
Märkiſche Kriegs-Volk hat den 15 Maii, Do-
minica Cantate, das Cloſter geplündert und an-
gezündet. Was die Flamme übrig gelaſſen,
wurde 8 Tag hernach, ♂ den 24 Maii aber-
mals mit Feuer angeſtecket, und in die Aſche
geleget.

§. 40.
Die Kloſter-Frauen, wollen das Klo-
ſter wieder aufbauen, welches aber nicht
zugeſtanden wird.

Weil es den Pillenreuthiſchen Kloſter-Frauen
in Nürnberg gar nicht gefallen wollte, ſo ſind
ſie bald nach des Kloſters Abbrennen, bey Rath
bitlich eingekommen, ihnen zu Wiederherſtel-
lung ihrer Clauſen, das benöthigte Bauholz
anweiſen zu laſſen. Die Antwort iſt dahin er-
theilet worden: das Kloſter hätte ſelbſt aigene
Hölzer, aus denen das nothdürftige Bau-
Holz könnte gefället werden. Der Rath wü-
ſte denen verbrennten Leuten, nicht allen genug
Zimmer-Holz zu geben. Zu geſchweigen, wie
gar wohl bekannt ſey, daß in ihrem Stadel
viel vorräthig Holz aufbehalten ſey. Dieſen
ſollten ſie ausräumen und einen Tennen zum
Dreſchen darein ſchlagen laſſen. Actum die
28 Aug. 1552. Doch auf Fürbitte ihres Pfle-
gers Herrn Leonhard Tuchers, iſt ihnen Holz
zu

zu einem Stadel und 60. Stämme zu Beda=
chung des Creuzgangs, bewilliget worden.
Ao. 1559. sehneten sich die Kloster=Frauen
abermahlen sehr stark, ihre Klausen wieder her=
zustellen. Ihr Vorhaben suchte man zu hin=
tertreiben, durch den Vorwand, die Zeiten
wären noch zu gefährlich, mithin nicht rathsam,
sie in unvermeidliche Gefahr zu liefern. Actum
2 Aug. 1559. Wie die Nonnen sahen, daß
sie nichts ausrichten kunten, so ließen sie ihre
Angelegenheiten, von dem Bischof zu Eichstädt
betreiben. Dieser ließ a. 1571. den 14. Febr.
durch seine Gesandten bey dem Rath zu Nürn=
berg anbringen, man möchte doch denen Pil=
lenreuther Kloster=Frauen vergönnen, ihr Klo=
ster wieder herzustellen. Würde aber dieses
dem Rath nicht gefällig seyn, so hätten seine
Fürstliche Gnaden, ein ander eingegangenes
Frauen=Kloster zu Marienburg, welches sie
wieder zu besetzen, gesinnet wären. Seiner
Fürstlichen Gnaden Meynung sey diese, daß
die Frauen von Pillenreuth, so gleiches Ordens
wären, dahin sollten aufgenommen werden.
Dieweil aber dieß Kloster Marienburg ein ge=
ring Einkommen hätte, wollten seine Fürstliche
Gnaden, gerne diese Wege finden, daß von
dem Einkommen des Klosters Pillenreuth, et=
was zu solcher Unterhaltung abgegeben würde.
Die Antwort wurde hierauf dahin ertheilet,
wie E. H. E. Ra . sehr bedenklich sey, die
Pillenreuther Klost.r=Frauen dahin zu transfe=
riren, dann sie den besten Unterhalt, bey denen
Kloster=Frauen zu st. Clara gefunden hätten,
und wohlgehalten würden, dazu geschehe ihnen
wegen

wegen der Religion kein Eintrag. Sie wären
ja in einer verschloſſenen Stadt ſicherer, als in
einem offenen Marienburg. Stürben die we-
nigen Kloſter-Frauen bey ſt. Clara ab, hät-
ten ſie daſſelbige allein zum Beſten.

§. 41.
Uebergab des Kloſters an den Rath
zu Nürnberg.

So ſehr ſich die Pillenreuther Kloſter-
Frauen geſehnet, wieder nach Pillenreuth zu
kommen, ſo wenig kunten ſie dieſes erlangen.
Sie muſten ſich nach vielen Unterhandlungen
dennoch zur Uebergab bequemen. Den An-
fang darzu machte man mit Entlaſſung ihres
Hofmeiſters, den ſie noch immerzu in Pillen-
reuth gehalten. Wegen ſeiner Abfertigung hat
Frau Agatha Steurerin a. 1581 m. Februario,
folgendes Schreiben, an Herrn Balthaſar
Dörrer, ihres Conuents Pflegern, abgehen
laſſen.

Euer fürſichtigen Weisheit, iſt ohne
Zweifel wol wiſſend, daß mein und meiner Mit-
Schweſtern Vorvordern, die Ehrwürdigen
Frauen, Magdalena Schürſtabin und Mag-
dalena Füetterin, beyde ſeliger Gedächtnus,
geweſenen Schafnerinnen des verbrennten Clo-
ſters Pillenreuth, unſern getreuen Hofmeiſter
Hannßen Halden und ſeiner ehelichen Frauen,
von wegen ihrer beyder treuen Dienſt, die ſie
nunmehr, über 20 Jahr, bey uns geleiſtet, ver-
heiſſen und zugeſagt, nemlich das Aichen-Löh-
lein genannt, welches uns nicht den wenigſten
Nutzen gebracht, und durchaus deſſelben nie
genoſſen haben, drey Kühe, ſo er von den ſei-

nen

nen aufgezogen, die Zeit her uns den Nuzen da-
von gelaſſen, auch ein Pferd, doch nicht das Be-
ſte, auch nicht das Böſeſt, Zehen Gulden, zwey
Schwein und zehen Hennen. Solcher Ver-
günſtigung, Zuſagung und Verheiſſung vor-
gedachter Ehrwürdigen Frauen, hab ich Aga-
tha Steurerin, der Zeit Schafnerin, mit
ſamt meinen Mitſchweſtern gütlich, wegen ihrer
beyder obgedachten treuen Dienſt, dazu ver-
williget. Gelanget demnach an Ew. Herrlich-
keit unſer unterthäniges und hochfleißiges Bit-
ten, ob Gott der Herr, lang oder kurz (wie
wir dann alle ſterblich ſeyn) nach ſeinem götli-
chen Wohlgefallen über uns würde gebieten,
daß E. F. W. ſolche Verheiſſung, dem Hof-
maiſter Hannß Haiden und ſeiner Hauß-Frau-
en, mit aller Zugehörung, gnädiglich wolle
wiederfahren und verfolgen laſſen. Wie wir
uns dann ſolches gegen E. F. W. gänzlich verſe-
hen und verhoffentlich keinen Zweifel darein ſtel-
len wollen, und deſſen zu mehrerer Urkund, hab ich
dieſes mit unſers Kloſters Pillenreuth Inſiegel be-
kräftiget, Actum d. 2 Febr. 1581. in Nürnberg.

Dieſe Steurerin und andere Conuentu-
linnen ſind endlich, nach und nach abgeſtor-
ben. Jungfer Magdalena Burkhardin iſt
die letzte Pillenreuther Kloſter-Frau ge-
weſen, welche a. 1591 den 14. Decembris in
dem Claren-Kloſter zu Nürnberg verſchieden.
Nun war noch eine Servitial- und Layen-
Schweſter mit Namen Eliſabetha Nentzenhö-
ferin übrig, dieſe hat wegen des hohen Alters,
den Hof zu Pillenreuth der bisher unvererbt ge-
weſen, nebſt allen Mannſchaften, Gülten,
Zinn-

Zinnßen und Gefällen, so dem Kloster zuftändig gewesen, an den Rath abgetretten. Ihr aber wurde järlich ein beträchtliches Deputat an Geld, an Getraid, und allem was zu ihrem Unterhalt erforderlich seyn möchte, angewiesen. Sie ist endlich a. 1596. mit Tod abgegangen.

§. 42.
Der Bauren = Hof zu Pillenreuth
wird verkauft.

Schon anno 1525 den 21 Octobr. haben die Pillenreuthische Kloster = Fräuen, zween Höfe mit Consens, eines HochEdlen Raths verkauffet; einer wurde an Herrn Christoph Kreß, der andere aber an Herrn Sixt Oelhafen überlassen. Wenn nun a. 1591 mit Jungfer Margaretha Burkhartin, die ganze Kloster = Versammlung abgestorben, und die einzige verlebte Nentzenhöferin, als eine Layen = Schwester alles an den Rath übergewiesen, was dem Kloster zuständig gewesen, so beschloß derselbe, a. 1592 den 21 Ianuarii, den Bauren = Hof mit Vorbehaltung der Eigenherrschaft und einer billigen Gült, nicht in Burgers Hände, sondern einem Bauern zu vererben. Dieser Hof, welcher des Herrn Conrad Großens Eigenthum ehehin gewesen, §. 5. bestund aus einem ganzen Hub, zu welchem mehr als 40 Aecker, grosser Holzwachs und schöne Wißmathen gehörten. Cunz Lämmermann von Schweinau erkaufte diesen Pillenreuthischen Bauren = Hof in dem bemeldeten 1592sten Jahr um 3300 Gulden. A. 1604 den 20ten Febr.

hat

hat man dem Hannßen Lämmermann zugelaſ-
ſen, ſeinen Hof zu Pillenreuth an Johann
Georg Gewandſchneider in Nürnberg zu ver-
kauffen, doch ſo, daß der Hof in der Bauern-
Steuer verbleibe, der Beſtändner der Eigenherr-
ſchafft Pflicht leiſte, und wann er dann wieder
verkauft würde, man ſolchen in Bauers-Hän-
de wollte kommen laſſen. Als dieſer Hannß
Georg Gewandſchneider, bey dem Kloſter,
ſich mehrerer Freyheit angemaſſet, als ihm zu-
gekommen, viele Gebäude aufführen und von
dem Kloſter, mehrere Zimmer einnehmen woll-
te, iſt ihm Einhalt geſchehen und das Kloſter
verſperret worden, dann, ihm allein der Kel-
ler und das Schlafhauß zu gebrauchen gegön-
net geweſen. Der Rath hat auch gemainer
Stadt Wappen, ans Kloſter mahlen laſſen.
Actum den 2 Oct. 1607 den 16ten Auguſti.
Von denen Gewandſchneideriſchen Erben, hat
Hannß Buchner, Kandelgieſſer, den Hof an
ſich gekaufet. Bey gegenwärtigen Zeiten iſt
der Hof wieder an einen Bauersmann vererbet.

§. 43.
Vermiſchte Nachrichten von dem Klo-
ſter Pillenreuth.

Erzählung von der Stiftung des Kloſters Pil-
lenreuth aus Nicolai Burgundi Hiſt. Bauaricae Lib.
III. ad annum 1340. Quinque habebat (Impera-
tor) nobiles virgines in Gynæceo, quas flagran-
tiſſima pietas incolendae ſolitudinis amorem ſub-
iecerat. - Itaque apud illum inſtitere precibus,
exiguam ſibi aream in Norimbergenſi ſaltu con-
cedi, ut ſub vili tecto pudicitiam concrederent.
Collau-

Collaudato eorum proposito Cæsar monstrari sibi locum, quem delegissent, iussit. Quo cum peruenisset iisdem deducentibus, ipse situs, sacerque horror et in alto silentio inculta solitudo, animum eius suauissimo statim terrore percussit. Et cum placere sibi diceret loci genium, negotium dat artificibus, qui magnitudinem areae circumscriberent. In ambitu eius annosa stabat quercus, quae ignotarum auium dulcissimo cantu audiebatur perstrepere. Ergo desiderio lustrandi tractus, quae istae uolucres, et unde tam suauis modulatio auribus insolita, sustulit oculos in arborem, nullisque uisis auiculis, notauit ibi culmini impendere crucis signum. Ergo in genua subsidens, erumpentibus prae gaudio lachrimis, gratias cœlitibus egit, quod coeptis suis tam propitia commodassent auspicia. Correpta mox falce, primus quercum caedere cœpit, deinde Monasterium aedificare jussit, cui Püldenreütum est nomen. Sumtus, quos ipse contribuit, Norimbergensium optimates postea cumulauere.

A. 1450. an st. Georgen Abend ist bey denen Pillenreuthischen Kloster-Weyhern zwischen Marggraf Albrecht und der Stadt Nürnberg, eine merkwürdige Schlacht vorgefallen. Siehe davon Historische Nachricht von Nürnberg, p. 441. Falkensteins Nürnbergische Chronic. p. 614.

Des Waldrechts haben sich die Kloster-Frauen, zum Schaden des Waldes vielfältig mißbraucht, und anderer Orten das Holz zu Mark geführt. Nach gütiger Behandlung haben

J

ben

ben sie sich der Freyheit der ersten Stiftung verziehen. Sie ließen hernach ihr Holz fällen, wo sie von dem Amtmann des Waldes angewiesen worden. Hatten ihre Knechte die Ordnung überschritten, so musten sie nach Nürnberg in das Loch-Gefängnis wandern. Actum 1458.

A. 1462. wurden denen Kloster-Frauen, diejenigen Briefschaften wieder behändiget, welche sie eine Zeitlang bey einem Wohllöblichen Rath deponirt hatten. Und die, so sie versetzet haben, wieder eingelöset.

A. 1463. wurden dem Kloster, 300 fl. geliehen, damit zu Rom ein exempt auszubringen.

A. 1476. wurden alle zum Kloster gehörige Weyher, samt der Fischstube bey st. Catharina-Kloster zu Nürnberg, an Peter Volckamer und Niclas Glockengieser, auf 12 Jahr, bestandsweiß, hingelassen, jedes Jahr um 150 fl. und denen Kloster-Frauen zu Pillenreuth jährlich davon für Fasten-Fisch zu geben 5 fl, oder so viel an Werth.

A. 1486. ☉ nach Ascensionis haben die Kloster-Frauen zu Unzenhofen, Constanzer Bistums, die Frauen zu Pillenreuth, in ihre Brüderschafft aufgenommen.

A. 1486. den 31 Martii gibt Papst Innocentius VIII. die Freyheit, daß neben denen Nürnbergischen Burgers-Töchtern, auch andere Weibs-Personen, die nicht zu Nürnberg geboren sind, dürften in dieses Kloster eingenommen werden, weil die gebohrnen Burgerinnen gewöngewöhnlich so zartes Leibes, daß sie keiner Arbeit vorstehen könnten.

A. 1489. hat man Bauholz denen Klosterfrauen verwilliget;

A. 1492. krumme Aichen zu Fenster-Rahmen, und Röhren zu dem Brunnen, welcher aus dem Wald hinein geleitet wird, alles um einen geringen Anschlag, wie 1486.

A. 1504. als sich die Klosterfrauen, wegen des bayrischen Kriegs nach Nürnberg in Sicherheit begeben, ist ihnen erlaubt worden, Wein und Bier einzulegen. So haben sie auch die Freyheit erlanget, zwey Vaß Bier auszuschenken, doch mit Entrichtung des Umgeldes.

A. 1525. wurde Erichtag nach Remigii (den 3. October) Cunz Wagner, Hofmaister, zum Richter erwählet, seine Schöpfen sind gewesen: 1. Cunz Sigmund. 2. Jorg Aman. 3. Leonhard Amann. 4. Hannß Hlell. 5. Hannß Mell. 6. Cunz Maier. 7. Hannß Vollat. 8. Hannß Schmidt. 9. Hannß Trost. 10. Niclaus Bauer. 11. Hannß Gröner. 12. N. Wegner, Wirth zum Schwarzenlohe.

A. 1526. als die Klosterfrauen angehalten, bey ihren Unterthanen zu verschaffen, daß sie ihnen, den kleinen Zehenden entrichteten, hat ihnen der Rath sagen lassen, sie möchten wol den Zehenden einfordern, und von denen annehmen, welche solchen willig geben würden, aber aus guten Ursachen wolte der Rath die Bau-

J 2   ren

ten dermalen nicht betreiben. Actum d. 27. Decembris.

A. 1528. d. 27. Decembris hat man oberherrlich anbefohlener Maſſen, denen Nonnen kund gemacht, daß ſie vor zweyen Deputatis, die Rechnung von ihrer œconomie, ablegen ſolten.

A. 1532. hat man denen Kloſterfrauen, an Brenn- und Schleißholz 130. Meß bewilliget. Und eben ſo viel in denen folgenden Jahren 1536 und a. 1537.

A. 1534. hat der Gerichtſchreiber Michael Kamerer geheiſſen.

A. 1543. Niclaus Wolckenſtein hat ſich bey dem Frauenkloſter zu Pillenreuth einkaufen und daſelbſt wohnen wollen. Der Rath hat ihm dieſes als einem falliten verbotten, den 6. Auguſt.

A. 1545. den 12. Iunii hat das Convent, dem Vicario in Kornburg für die 8. Pfund, ſo ſie ihm jährlich, wegen Abgang der von Pillenreuth ehehin gezogenen Intraden, bezahlen muſten, 22. fl. in ſchwerem Geld bezahlet, und ihr Kloſter damit gelediget. Dafür hat ſich der damalige Vicarius Chriſtof Sachß, eine Studierſtube erbauen laſſen. vide §. 8.

A. 1547. d. 15. Martii, ſind 20. Reuter bey dem Kloſter einquartiret worden. Die Kloſterfrauen haben den Rath um Schutz und Abwendung ſolcher Beſchwerlichkeit, angerufen. Allein, der Rath ließ ihnen bedeuten, wie ſie dieß nicht

nicht wenden könnten, solten sich darum gedulten, den Reutern proviant und gute Worte geben, es würde dieser Zuspruch nicht lange werden.

A. 1553. den 21. Februarii wurde befohlen, den Nonnen, welche noch in der Stadt wohnen, Brennholz zu ihrer Nothdurft verfolgen zu lassen, weil man ihnen solches auch ins Kloster geben muste.

A. 1566. den 2 VIIIbris ergieng Befehl an die Klosterfrauen ihre Hofhaltung zu Pillenreuth abzuschaffen, woraus aber nichts worden ist.

A. 1577. ☿ den May ist Christof Füchel Gerichtschreiber zu Wendelstein, durch den Richter und Schöpfen zu einem Gerichtschreiber nach Pillenreuth angenommen worden.

A. 1583. ward das Gericht an Walburgis verneuert.

A. 1585. den 15. May ist eine Gerichtswahl gehalten worden, und ist das Gericht mit diesen Personen besetzet gewesen: Hannß Heyden, Richter. Schöpfen: 1. Melchior Reischel, Wirth zu Wozelndorf. 2. Friederich Reinhard. 3. Hannß Kühn. 4. Niclas Amann von Herpersdorf. 5. Georg Hegne von Gaulnhofen. 6. Hannß Braun von Wozelndorf. 7. Hannß Stadel von Herpersdorf. 8. Hannß Peringer von Wozelndorf. 9. Cunz Schober von Herpersdorf. Christof Fickel, Gerichtschreiber.

J 3 A. 1591.

A. 1591. den 4. Nov. ift die letzte Rüeg zu Pillenreuth gehalten worden. Ruegs-Herren: Hannß Praun, Hannß Kient von Kilndorf. Ift fürkommen, wie Veit zu Wozelndorf, Spielleut halte, mit Lichtern hin und her laufe, daran eine Gemeine groſſe Beſchwernis hat, iſt geſtraft dem Gericht 60. Pfenning, der Herrſchaft 1. Ort.

Auſſer dem groſſen Grabſtein der erſten Pröbſtin, hat ſich noch ein anderer entdecket, auf welchem ein Kelch eingehauen iſt.

A. 1627 hat Biſchof zu Eychſtädt die reſtitution des Kloſters ſehr betrieben, aber daſſelbige nicht erlangen können. Siehe Car. Carafa in Commentariis de Germania ſacra reſtaurata. p. 302.

§. 44.

Verzeichnis der Pillenreuther Herren Pflegere.

1. Conrad Groß	-	-	-	-	-	-	1345.
2. Heinrich von Kronach	-	-	-	-	-	1356.
3. Berthold Haller	-	-	-	-	-	1363.
4. Hannß Ebner	-	-	-	-	-	1376.
5. Niclaus Muſel	-	-	-	-	-	1397.
6. Ulrich Haller	-	-	-	-	-	1437.
7. Hieronymus Kreß	-	-	-	-	-	1451.
8. Conrad Paumgartner	-	-	-	-	1453.
9. Carl Holzſchuher	-	-	-	-	-	1464.

10. An-

10. Andreas Tucher - - - - - - 1466.
11. Hannß Tucher - - - - - - 1480.
12. Gabriel Holzschuer - - - - 1491.
13. Hieronymus Schürstab - - - 1494.
14. Martin Geuder - - - - - - 1514.
15. Hannß Imhof - - - - - - - 1517.
16. Christof Kreß - - - - - - 1532.
17. Leonhard Tucher - - - - - 1535.
18. Balthasar Dörrer - - - - - 1562.
19. Hieronymus Paumgartner - - 1595.

Nachgehends, da dieses Pillenreuther Klo-
ster, mit dem st. Claren-Kloster vermenget
worden, so wird jenes nunmehro, neben diesem
von einem durch einen hochlöblichen Magistrat
der Stadt Nürnberg über beyde Klöster er-
nannten Herrn Pfleger, unter direction des
jedesmaligen Herrn Duumviri verwaltet, und
dieser Clöster Bestes und Aufnahm,
rühmlichst besorget.

Druckfehler.

P. 13. lin. 7. illuſtratos, lies: *illuſtrator.*

P. 23. lin. 24. decuria, lies: *de curia.*

P. 26. lin. 5. pro, lies: *pro.*

P. 29. lin. 15. easdem, lies: *eiusdem.*

‒ ‒ lin. 26. dominio, lies: *domino.*

P. 30. lin. 17. plenum, lies: *plenam.*

P. 31. lin. 12. nullam, lies: *nulla.*

‒ ‒ lin. 29. 30. Canonice predicte, lies: *Canonici predicti.*

P. 32. lin. 5. rumpantur, lies: *rumpatur.*

‒ ‒ lin. 13. 14. confirmacionis, lies: *confirmacione.*